혼자 하는
공부의 힘

혼자 하는 공부의 힘

초 판 1쇄 2018년 12월 26일

지은이 김도사
펴낸이 류종렬

펴낸곳 미다스북스
총   괄 명상완
에디터 이다경

등록 2001년 3월 21일 제2001-000040호
주소 서울시 마포구 양화로 133 서교타워 711호
전화 02) 322-7802~3
팩스 02) 6007-1845
블로그 http://blog.naver.com/midasbooks
전자주소 midasbooks@hanmail.net
페이스북 https://www.facebook.com/midasbooks425

ⓒ 김도사, 미다스북스 2018, *Printed in Korea*.

ISBN 978-89-6637-632-2 13370

값 15,000원

미다스북스는 다음세대에게 필요한 지혜와 교양을 생각합니다.

공 부 의 신 이 되 고 싶 다 면 이 렇 게 하 라 !

혼자 하는
공부의 힘

김도사 지음

미다스북스

마음을 다지는 순간, 공부는 재미있어진다

과거 누구보다 힘들었던 나는 22세부터 공부법과 성공 비결, 책 쓰는 법에 대해 연구해왔다. 그 결과 서른 후반에 백만장자가 되었으며 경제적 자유를 이루었다. 나는 모두들 부러워하는 슈퍼카 페라리, 람보르기니를 소유하고 있다. 슈퍼카를 타고 도로를 달리면 청소년들이 "와아~!" 하는 탄성과 함께 괴성을 지른다. 나는 내가 타고 다니는 슈퍼카를 보면서 많은 청소년이 자극과 함께 더 큰 꿈을 갖기를 소망한다. 그것이 바로 공부 잘하는 가장 빠른 길이기 때문이다.

나는 현재 인터넷 방송 〈김도사 TV〉의 유튜버로 활동하고 있다. 진로 찾는 법, 독서법, 공부습관, 자기주도학습, 성공학, 책쓰는 법 등의 다양한 콘텐츠를 올리며 바쁘게 보내고 있다. 자주 10대들과 만날 기회가 있는데 그들에게서 나처럼 되고 싶다는 말을 많이 듣는다. 하지만 이런 나조차도 가장 후회되는 것이 하나 있다. 바로 '공부'이다. 최선을 다하지 못한 채 보낸 학창 시절이 지금껏 마음 한 구석에 후회로 남아있다.

그래서 나는 지금 공부로 인해 힘들어하는 10대들에게 공부의 진실에 대해 제대로 알려주기 위해 이 책을 썼다. 왜 지금 공부하면 안 되는지, 공부가 훗날 사회에 나갔을 때 어떤 영향력을 미치는지, 공부와 행복과 성공과의 상관관계에 대해 인생 선배로서 제대로 들려주기 위해서다.

'공신들은 어떻게 공부할까?'
'공신들에게는 특별한 공부법이 있을까?'

이 의문에 대한 답을 찾기 위해 SKY대 공신들을 만나서 인터뷰하거나 그들이 쓴 책을 읽었다. 그 결과 공신들 가운데 99.9%가 가난했다는 결론을 얻었다. 물론 그들 중에 부모님 가운데 의사나 변호사 등 전문직에 몸담고 있는 부유층들도 있었다. 그러나 이는 0.01%, 즉 극소수에 불과했다. 이 책에는 이런 부류의 공신들은 배제했다.

중고등학교에 자주 특강을 다니면 교장 선생님으로부터 어려운 형편의 학생들이 많다는 이야기를 전해 듣는다. 가정이 어려울수록 공부와 담쌓거나 소홀히 한다는 것이다. 그런 이야기를 들을 때면 마음속으로 '가난해도 꿈조차 가난해선 안 되는데….'라는 생각이 든다. 나는 학생들에게 입버릇처럼 "지독한 가난은 공신으로 가는 특권이다.", "가난할수록 이 악 물고 독하게 공부하라." 하고 충고한다. 가난할수록 기죽지 말고 독하게 공부해서 출세하라는 뜻이다.

학창 시절의 성적은 평생을 그림자처럼 따라다닌다. 중고등학교 졸업 후 많은 것들에 영향을 미친다. 원하는 대학교, 학과를 지원하거나 취직을 하는 데 있어 결정적인 순간에 발목을 잡는 것이 바로 성적이다. 점수 몇 점 차이로 인생이 달라지기도 한다.

나는 이왕 하는 공부 명문 대학을 겨냥해서 치열하게 공부하라고 말하고 싶다. 명문 대학을 나오게 되면 그렇지 않은 대학을 나온 사람들보다 더 많은 기회를 누리게 된다. 즉, 좀 더 나은 인생을 살 가능성이 높아진다는 뜻이다.

명문 대학 졸업자들이 그렇지 않은 사람들에 비해 대기업이나 좋은 회사에 들어가는 데는 그만한 이유가 있다. 사실 기업의 입사 담당자가 지원자 모두를 세세하게 파악할 수는 없는 노릇이다. 물론 시간이 넉넉하게 주어진다면 많은 입사 지원서들을 면밀히 살펴보면서 옥석을 가릴 수 있을 것이다.

그러나 현실은 그렇지 못하다. 그래서 입사 담당자는 좋은 대학을 나온 사람 위주로 선발하게 된다. 좋은 대학을 나왔다는 것은 중고등학교 시절 열심히 공부했다는 방증이기 때문이다. 따라서 대학 간판과 성적에서 그 사람의 성실함을 찾게 된다. 좋은 대학을 졸업했다는 것은 중고등학교 시절 성실하게 공부했다는 증거다. 달리 말하면 학교생활을 성실하게 했다는 말이기도 하다. 이는 곧 집중력과 인내심이 뛰어나다는 것을 뜻한다.

나는 고려대학교 대학생들에게 꿈을 이루도록 도와주는 멘토로 활동한 적이 있다. 그들과 이야기하면서 그들의 공부 방법 역시 이 책에 담겨 있는 공부 비결과 같다는 것을 알 수 있었다. 나는 이 책이 여러분이 공부를 좀 더 즐겁고 생산적으로 할 수 있도록 도와주는 공부 사용설명서가 되었으면 한다.

이 책에는 SKY 명문 대학 100인의 공부 비결이 담겨 있다. 그들은 지독한 가난 속에서 공부 하나로 눈부신 인생을 만들어가고 있다. 그들의 공부 비결을 내 것으로 만들어보길 바란다. 마지막으로 단기간에 확고한 꿈을 찾아 강한 동기부여로 성적을 올리고자 한다면 내가 성남시 분당에서 운영하는 〈김도사수학〉 학원에 찾아올 것을 권한다. 나와 여러 명의 원장들과 강사진들이 목숨 걸고 목표하는 바를 이룰 수 있도록 도울 것이다.

2018년 12월
김도사

차례

1장

공부, 잘하고 싶다면 꿈부터 키워라

2장

공부, 과정을 즐기면 최상의 결과가 따라온다

3장

공부를 잘하면 행복해질 확률도 훨씬 높아진다

4장

공부는 미래를 향한 성장이다

5장

공부로 자신만의 '인생'과 '꿈'을 준비하라

1장

공부, 잘하고 싶다면
꿈부터 키워라

01 확고한 꿈이 공부 의욕을 높인다

2018년 서울대학교 수의예과에 입학한 윤진호 군의 꿈은 단지 수의사가 아니다. 그는 아프리카의 질병과 기아를 해결하고자 하는 꿈을 갖고 있다. 그 꿈을 꾸며 서울대 수의예과를 선택해 합격했다.

윤 군은 틈틈이 아프리카 관련 책을 읽었다. 500페이지가 넘는 도서를 수차례 반복해서 읽었다. 윤 군은 아프리카의 사회, 환경, 교육, 종교, 전쟁 등에 대해서 연구했다. 그러면서 국제적으로 사람과 동물이 서로를 매개로 전염되는 수인전염병 문제가 대두되고 있다는 사실을 알게 되었다. 윤 군은 아프리카의 축산업 인프라를 구축하면 이러한 질병은 물론 기아 문제까지 해결할 수 있으리라고 생각했다.

이렇게 구체화된 꿈은 공부의 동력이 되었다. 시험 범위에 있는 모든 단어, 예문, 지문 전체를 완벽하게 외웠다. 엄청난 양으로 승부했다. 수학은 친구들이 모르는 문제를 가져오면 설명해주는 방식으로 공부했다. 혹 자신이 모르는 내용은 공부해서 알려줬다.

윤 군은 한 인터뷰에서 이렇게 말한다.
"수험생 생활에서 가장 중요한 것은 명확한 자신의 꿈을 부여잡는 것입니다."

내신과 수능, 성적에만 집착해서 꿈을 잃어버리면 오히려 공부에 대한 집중력이 떨어진다는 것이다. 윤 군은 인터뷰에서 이렇게 강조한다.

"저는 내신이 줄곧 상위권이던 학생이 아니었습니다. …… 최근 대학교육은 기본적인 성적만 된다면 학생의 꿈이 무엇인지를 묻습니다. 아무리 바쁘고 고민거리가 많아도 자신의 꿈과 마주하는 시간을 꼭 보내길 바랍니다."

– 〈대학저널〉, "꿈에 대한 구체적인 계획이 합격의 꿈 이뤄준다" 2018.09.27.

강한 공부의욕은 간절한 꿈이 만든다

교사와 학부모들은 학생들에게 공부하라고 강요한다. 공부하면 잘 살 수 있다는 사탕발림도 빼놓지 않는다. 그런데 그들은 가장 중요한 것을 간과하고 있다. 확고한 꿈, 간절한 꿈 없이는 공부에 대한 동기를 유발할 수 없다는 사실이다.

간절히 실현하고 싶은 꿈이 없는데 공부할 마음이 생길까? 공부를 해야 하는 이유를 모르는 상태에서는 절대 공부할 의욕이 생기지 않는다. 더군다나 공부는 지루하고, 힘들고, 외로운 작업이다. 그래서 학생들 가운데 공부와 담쌓는 친구들이 많다.

나는 학생들에게 공부를 잘하고 싶다면 먼저 "확고한 꿈을 설정하라." 하고 조언한다. 확고한 꿈은 어떤 시련과 역경이 닥치더라도 아랑곳하지 않고 고군분투하도록 이끈다. 그런 꿈을 먼저 가슴에 품어야 한다.

『어린 왕자』의 작가 생텍쥐페리의 명언이 떠오른다.
"만일 당신이 배를 만들고 싶다면 사람들을 불러 모아 목재를 가져오게 하고 일을 지시하고 일감을 나눠주는 등의 일을 하지 말라. 대신 그들에게 저 넓고 끝없는 바다에 대한 동경심을 키워줘라."

꿈을 가지게 되면 자연스레 공부 쪽으로 마음이 기울게 된다. 꿈을 실현하기 위해선 공부가 우선시되어야 한다는 사실을 스스로 깨닫게 되기 때문이다. 무엇보다 성적이 좋고 명문 대학을 졸업하는 것이 꿈 실현에 더 많은 도움이 된다는 것을 자각하게 된다.

자신의 꿈을 위해 매일 다섯 번의 도끼질을 하라
마크 빅터 한센과 잭 캔필드의 『영혼을 위한 닭고기 수프』라는 책이 있다. 세계적인 베스트셀러여서 모르는 사람이 거의 없을 정도로 유명하다. 그래서 대부분의 사람은 두 작가가 아무런 시련 없이 이 책을 출판했을 것이라고 생각한다. 그러나 사실은 그렇지 않다. 그들은 『영혼을 위한 닭고기 수프』를 출판하기 위해 출판사들로부터 무려 350번이나 거절당해야 했기 때문이다. 또한 책이 출간되고 나서도 책 판매가 순조롭지 않았다. 그렇다면 마크 빅터 한센과 잭 캔필드는 어떻게 해서 세계적인 베스트셀러 작가가 되었을까?

두 사람은 책이 출간된 후 책 판매가 부진하자 고민을 했다. 그래서 시장조사를 다시 하고 성공한 작가를 여러 명 만나 조언도 구했다. 그때 한 교사로부터 이런 말을 듣는다.

"매일 도끼질을 다섯 번씩 꾸준히 하면 크기가 어떻든 쓰러지지 않는 나무는 없다."

그들은 교사의 조언을 토대로 베스트셀러 작가라는 꿈을 이루기 위해 매일 다섯 가지의 일을 실행하기로 결심했다.

먼저 『영혼을 위한 닭고기 수프』를 〈뉴욕타임스〉의 베스트셀러 목록 1위에 올리겠다는 목표를 세웠다. 그러기 위해 라디오 인터뷰나 책에 대해 비평을 해줄 기자들에게 책을 다섯 권씩 보냈다. 그리고 마케팅 회사 다섯 군데에 전화를 해서 직원들의 동기유발을 위해 책을 권하기도 했다.

한번은 유명인 주소록에 나와 있는 바버라 스트라이샌드, 폴 매카트니, 해리슨 포드, 스티븐 스필버그, 시드니 포이티어에게 책을 보냈다. 그 결과, 시드니 포이티어와 만남을 가질 수 있었는가 하면, TV 드라마 〈천사의 손길〉 제작자가 스태프들에게 『영혼을 위한 닭고기 수프』를 읽으라고 권하기도 했다.

두 사람은 O.J. 심슨의 배심원들에게도 책을 보낸 적이 있다. 일주일 후 그 사건을 맡은 판사로부터 "외부와 전면 차단된 채 TV나 신문도 볼 수 없는 배심원들을 배려해주어 감사하다."라는 편지를 받았다. 그리고 다음 날, 배심원 네 명이 『영혼을 위한 닭고기 수프』를 들고 있는 사진이 신문에 실렸다. 그때부터 『영혼을 위한 닭고기 수프』는 사람들의 관심을 불러일으키기 시작했다.

그들은 책과 관련하여 교회에서 무료로 강연을 하는가 하면, 서점에서 책 낭독 행사를 하고 기업가들에게는 직원들을 위해 책을 대량으로 구매해줄 것을 권했다. 심지어 군대 PX에도 책을 납품했고, 친분이 있는 연설가들의 강연장에서 책을 판매하기도 했다. 이들은 이와 같은 노력을 매일 2년 이상 실천했다.

그 결과는 어떻게 되었을까?

『영혼을 위한 닭고기 수프』는 지금까지 40여 개 언어로 번역, 250여

개 제목으로 출간되어 전 세계에서 5억 부나 판매되었고 뉴욕타임스 베스트셀러에 190주 연속으로 선정되는 기염을 토했다.

마크 빅터 한센과 잭 캔필드처럼 꿈을 가진 사람은 스스로 전략을 찾는다. '어떻게 나의 꿈을 이룰 것인가?' 하고 끊임없이 고민하기 때문이다.

GE의 전 CEO 잭 웰치는 이렇게 말했다.

"전략이란 현 세계에서 당신의 위치를 알고자 하는 시도이다. 과거에 있었으면 하고 바랐거나 혹은 미래에 있기를 바라는 곳이 아니라 당신이 현재 있는 바로 그곳이다. 5년 후 당신이 어디에 있기를 바라는지 생각해보라. 이는 그곳에 도달할 수 있을지 현실적인 승산을 따져보는 것이다."

여러분이 어떤 꿈을 품더라도 그 꿈을 실현하기 위한 가장 효율적인 전략은 공부다. 학생의 본분인 공부를 빼놓고선 어떤 꿈도 활짝 피어나기 힘들다. 성공한 사람들 대부분이 명문대를 졸업했다는 사실을 보면 왜 공부를 해야 하는지에 대한 이유를 알 수 있다. 물론 현대그룹의 정주영 전 회장처럼 초등학교밖에 나오지 않고 성공한 사람도 있다. 그러나 그는 끊임없이 자신의 분야에서 공부를 계속했다. 그래서 그가 죽을 때까지 전 세계 대학에서 받은 명예박사학위만 해도 셀 수 없을 정도였다.

대학 캠퍼스에서 한 여대생이 자전거를 타고 교정을 지나고 있었다. 여대생의 티셔츠에는 '난 변호사가 될 거야.'라는 문구가 적혀 있었다. 그리고 여대생의 자전거에도 '난 벤츠가 될 거야.'라는 문구가 쓰여 있었다. 자신이 갈망하는 것이 무엇인지 잘 알고 있는 그 여대생은 분명 자신이 꿈꾸는 것을 이룰 것이다.

고문처럼 여겨지는 공부와 좀 더 가까워지고 싶다면 먼저 꿈을 가져라. 어떤 시련과 역경에도 굴하지 않고 이루고 싶은 꿈을 가질 때 공부의 중요성에 대해 눈을 뜨게 된다. 카이저 알루미늄과 카이저 퍼머넌트 의료시스템의 창업자인 헨리 카이저는 "삶에 목적이 없다면 그것은 당신이 최고를 이룰 수 없다는 명백한 증거이다."라고 말했다. 그렇다. 꿈이 없다면 공부할 이유도, 좋은 대학에 들어갈 이유도 찾을 수 없다. 그 결과 공부는 나와는 무관한 것이 되고 만다.

02 꿈이 클수록
학창 시절을 더 알차게 보낼 수 있다

2016년 서울대 국어국문학과에 합격한 김미주 양은 당시 〈경남신문〉과의 인터뷰에서 '간절히 바랐던 곳에서 공부할 날을 기다리고 있다.'고 밝힐 만큼 확고한 꿈이 있었다. 김 양은 고등학교 1학년 때부터 학생회 활동과 동아리 활동을 하면서 진로와의 연결고리를 끝없이 만들고, 한국어 능력 시험에 응시해 우수상을 받을 정도였다.

그러나 김 양도 2학년 때 슬럼프를 겪었다.
"그때 나는 무기력하고, 내가 뭘 하는지 모른 채 무작정 끌려가는 느낌이었다."

그러나 2학년 겨울 방학 때, 생활기록부를 확인하는 과정에서 자신이 무엇을 하고 싶고, 또한 앞으로 무엇을 하고 싶은지 곰곰이 생각해 보는 시간을 가졌다. 그리고 마침내 자신만의 무언가를 발견했다. 그건 바로 '꿈'이었다. 김 양은 "그걸 발견했을 때 슬럼프가 어느 정도 극복이 됐던 것 같다."라고 했다. 김 양의 꿈은 지역 방언, 사회 방언을 탐구하여 남북 언어를 연구해 통일에 이바지하는 것이다.

꿈이 클수록 학창 시절 성적이 중요하다. 성적이 좋을수록 명문 대학에 진학할 확률이 높을 뿐 아니라 대학 졸업 후 자신의 꿈을 펼치기가 훨씬 유리하기 때문이다. 그래서일까? 공신들은 하나같이 꿈이 확실하다. 그들에게 어떤 꿈을 가지고 있는지 물어보면 고민하지 않고 즉각 자신의 꿈을 이야기한다. 그러나 열등생들은 애매모호한 꿈을 가지고 있거나 아예 꿈이 없다. 그들에게 꿈을 물어보면 한참 동안 생각에 잠긴다. 그제야 자신의 꿈을 찾기 때문이다.

『꿈이 있다면 멈추지 않는다』의 저자 김찬영. 1986년 경북 영주에서 태어난 그는 중학교 시절 게임에 빠져 성적 대신 게임 랭킹 올리는 데에만 열심이었다. 그는 고등학교에 중간 성적으로 입학하고 나서도 목적 없이 학교만 오가는 내신 5등급, 모의고사 성적 290점의 평범한 중하위권 학생이었다. 그런데 그가 고등학교 3학년에 올라가면서 확고한 꿈을 설정했다.

'고려대학교 법대 입학'

현실로는 도저히 이룰 수 없는 꿈이었지만 불가능이라는 생각은 하지 않고 지독하게 공부했다. 그렇게 노력한 결과 첫 입시에서 경희대학교 법대 합격, 두 번째 입시에서 한양대 법대에 합격하지만 꿈을 이루지 못한 아쉬움이 컸다. 그는 마지막이라는 생각으로 공부한 끝에 서울대학교에 합격하는 기쁨을 안았다.

　공신이 되고 싶다면 먼저 생각만 해도 가슴이 두근거리는 꿈을 설정해야 한다. 가슴이 뛰는 것은 어떻게든 그 꿈을 이루고 싶은 열망 때문이다. 따라서 이런 꿈을 가진 학생은 강력한 열망으로 인해 저절로 공부에 대한 동기가 유발된다. 누가 억지로 시키지 않아도 책상에 앉아 공부하게 된다. 자신의 꿈을 실현하는 데 공부야말로 완벽한 도구라는 것을 자각하기 때문이다.

　꿈이 클수록 학창 시절 성적이 중요하다. 그 성적으로 인해 자신이 다니게 될 대학교의 수준이 결정되기 때문이다. 이 말에 여러분 가운데 반발하는 사람도 있겠지만, 대학의 수준이 높을수록 자신의 꿈 역시 실현할 확률이 높아지게 된다는 것은 엄연한 사실이다. 예를 들어 입사 면접에서 명문대를 나온 사람이 지방대를 나온 사람보다 좋은 점수를 받을 확률이 높다. 명문대를 졸업했다는 말은 학창 시절 성실하게 공부했다는 것을 뜻한다. 어느 기업이든 성실한 사람을 선호하기 때문이다.

　전라남도 담양의 시골마을에서 태어난 칠전팔기의 박영립 변호사.

그를 통해 큰 꿈을 가진 사람일수록 공부를 중요하게 여긴다는 것을 알 수 있다. 박영립 변호사는 형편이 어려운 탓에 중학교 진학을 포기해야 했다. 친구들이 학교에서 공부할 때 그는 사무실 사환, 여관 조수, 공사장 인부, 전선회사 임시 직원, 양복점 기술자 등의 일을 전전해야 했다.

그가 동대문 시장에서 이불 배달 일을 할 때 어느 날 선박왕 오나시스의 글을 접하게 되었다. 책에는 다음과 같이 적혀 있었다.

'부자가 되려면 셋방에 살더라도 부자 동네에서 살아라. 부자의 생활 방식을 따르고 배워라.'

그는 즉시 이불집 주인아저씨를 롤모델로 삼았다. 그는 주인아저씨를 보고 자신도 경리학원에 다녀야겠다고 결심했다. '경리 일만 잘해도 성공할 수 있겠다.' 하는 생각에서였다. 그는 경리 학원을 알아보던 중에 검정고시 학원 광고를 보게 되었다. 당시 그의 나이 스무 살이었다. 동창들은 이미 대학교 2학년이었다. 늦었지만 그는 미친 듯이 공부했다. 때로 초등학교 동창에게 모르는 것을 물으며 공부하기도 했다. 그는 이렇게 말한다.

"공부는 엉덩이로 한다고 생각합니다. 꿈이 있으면 행동이 나오고 그런 행동이 반복되면 습관이 자리 잡습니다. 모든 성공의 결과는 습

관의 산물입니다. 꿈을 가지고 무언가를 이루어내려는 행동이 습관이
되면 분명 좋은 결과를 가져다줍니다."

공부를 하는 과정에서 대학까지 도전하기로 마음먹었다. 그리고 그
는 변호사라는 꿈을 설정했다. 그는 또래의 친구들보다 한참 늦은 만
큼 이를 악물고 공부했다.

"제 공부의 비결은 절박함이었습니다. 부모님의 도움을 전혀 기대하
지 못했기 때문에 이 공부가 마지막이라고 생각했지요. 밤 10시쯤 일
을 마치고 돌아와 방구석에 밥상을 펴놓고 공부를 했습니다. 화장실
갈 때나 물건을 배달할 때, 가게에 손님이 없는 잠깐 동안에도 책을 읽
었습니다."

사력을 다해 공부한 덕분에 그는 숭실대학교에 합격할 수 있었다.
그는 법학을 전공하기로 하고 2학년 때부터 사법 시험에 도전했다. 그
리고 마침내 1980년 사법 고시 1차에 합격했고 이듬해에는 2차에 합
격했다.

박영립 변호사는 공부로 인생 역전을 할 수 있었다. 개천에서 용 난
케이스라고 할 수 있다. 사람들은 갈수록 개천에서 용 나기가 힘들다
고 말한다. 그러나 이는 그릇된 생각일 뿐이다. 주위를 둘러보면 공부
를 통해 꿈꾸는 인생을 펼치는 사람들이 많기 때문이다. 그들은 지독

한 가난에서 뼈저리게 느꼈던 배고픔과 열등감을 공부 하나로 날려버렸다.

여러분이 어떤 꿈을 품고 있든 그 꿈은 공부와 상관관계가 있다. 쉽게 말해 공부를 잘하면 꿈을 이루기가 훨씬 수월하다는 뜻이다. 그래서 꿈이 클수록 학창 시절 성적이 중요하다고 말하는 것이다.

연예인이자 교수인 이인혜 씨는 『이인혜의 꿈이 무엇이든 공부가 기본이다』에서 이렇게 말한다. 그녀의 말을 가슴에 새겨보자.

"청소년 친구들에게 꼭 강조하고 싶은 말이 있다. 지금 품고 있는 꿈이 무엇이든 결코 공부를 포기하지 말라는 것이다. 공부는 선택이 아니라 기본이다. 어떤 경력을 얻기 위해서든, 특히 앞으로의 인생을 멋지게 이끌어나기기 위해, 공부로 쌓은 소양은 언제나 든든한 지원군이 되어서 여러분의 가치를 높여줄 것이기 때문이다."

03 실력은 초라해도 꿈만은 당당하라

그동안 내가 만난 공신들은 하나같이 꿈쟁이였다. 그들은 과거 공부 실력이 초라했을 때조차 가슴에 원대한 꿈을 품고 있었다. 그 꿈이 그들을 공부에 몰입하게 했고 미래를 향해 나아가게 했던 동인이었다.

나는 학생들에게 "실력은 초라해도 꿈만은 당당하라."라고 주문한다. 실력이 초라하다고 해서 꿈까지 초라하다면 게임이 끝난 거나 다름없기 때문이다. 꿈만 당당하고 원대하다면 꿈의 힘으로 책상에 앉게 되고 나아가 실력이 향상될 수 있다. 그래서 공신들 가운데 꿈이 없는 사람이 단 한 사람도 없는 것이다.

『7막 7장』의 저자 홍정욱은 초등학교 2학년 여름방학 때 『만인의 연인, 케네디 대통령』이라는 위인전을 읽고 자신도 케네디처럼 위대한 인물이 되겠다고 결심했다. 그리고 케네디가 졸업했던 하버드대학에 들어가기 위해 치열하게 공부했다. 그 결과, 하버드대학에 입학할 수 있었다. 그는 현재 헤럴드미디어와 올가니카 회장, 사단법인 올재 이사장으로 있으면서 꿈을 창조하고 있다.

꿈은 힘이 세다. 꿈이 있는 사람은 당장 성적이 낮다고 해서 좌절하지 않는다. 오히려 공부를 잘하기 위한 방법을 끊임없이 모색한다. 공부를 잘하지 않고선 결코 꿈을 이룰 수 없다는 것을 잘 알기 때문이다.

2006 토리노 동계올림픽 쇼트트랙 여자 3000m 계주 금메달의 주인공 변천사 씨. 그녀는 스물네 살이 되던 해에 못다 이룬 학업을 위해 경희사이버대학 글로벌경영학과에 입학하여 학사학위를 취득했다. 그녀는 "운동선수 이전에 항상 학생의 자세여야 한다."라는 아버지의 가르침에 따라 공부를 하기로 결정했다고 한다. 변천사 씨는 은퇴 후 스포츠 행정가로 다시 태어났다. 지난 2018년 평창올림픽 조직위원회에서 쇼트트랙 담당관으로 활약했다. 그녀는 언론과의 인터뷰에서도 당당히 꿈을 밝혔다.

"스포츠 행정에 흥미를 많이 느끼고 있어요. 국제빙상연맹(ISU)에도 진출하고 싶어요. 저의 마지막 꿈은 국제올림픽위원회(IOC)에서 일하는 것입니다."

그녀가 늦은 나이에 공부를 시작한 것은 다름 아닌 꿈 때문이다. 꿈이 그녀를 대학으로 이끌었다. 이처럼 꿈이 있는 사람은 절대 배움과

도전을 포기하지 않는다. 포기하는 순간 성장의 나이테 역시 멈춰버리기 때문이다.

지난 2018년 9월, 우리나라의 아이돌 그룹 '방탄소년단(BTS)'이 뉴욕 UN본부에서 진행된 UN아동기금인 유니세프 행사에서 연설을 해서 전 세계적으로 화제가 되었다. 한국 가수 최초의 단독 연설이었다. 연설은 약 7분가량 진행되었고 해외 유력 외신들도 이 연설에 주목했다. 아래는 연설의 일부다.

"…… 저희 초창기 앨범 인트로에 '내 심장은 아홉 살쯤 멈췄다.'라는 가사가 있습니다. 돌아보면, 그때가 바로 남들이 날 어떻게 생각할까 걱정하고 다른 사람의 눈으로 제 자신을 보기 시작했던 때인 것 같습니다. 전 밤하늘과 별을 보지 않았고 더 이상 몽상에 젖지도 않았죠. 대신 사람들이 만들어 놓은 틀에 제 자신을 밀어넣으려 했습니다. 그렇게 곧 제 목소리를 닫고 다른 사람들의 말을 듣기 시작했어요. 아무도 제 이름을 불러주지 않았고, 저 스스로도 그랬습니다. 제 심장은 멈췄고 눈은 닫혀버렸죠.

이렇게 전, 우리 모두는 자신의 이름을 잃어버렸습니다. 유령처럼 되어버린 거죠. 하지만 제겐 음악이라는 안식처가 있었습니다. 제 안에서 '깨어나 너에게 귀 기울여!'라고 하는 것 같았습니다. 하지만 음악이 제 이름을 불러주기까지는 오랜 시간이 걸렸죠. BTS가 되고 나서도 많은 시련이 있었습니다. 여러분이 믿지 않으실 수도 있겠지만 사람들은 저희에게 희망이 없다고도 했습니다. 가끔은 그만두고 싶을 때도 있었죠.

하지만 그때 포기하지 않았던 게 정말 다행이라고 생각해요. 저와 우리는 계속 이렇게 어렵지만 휘청거리며 살아갈 것입니다. (중략) 내일은 조금 더 현명해질지 모르지만, 그 또한 저일 것입니다. 이런 잘못과 실수들이 제 삶의 별자리에 수놓아질 밝은 별들을 만들어줄 겁니다. 전 지금 저와 과거의 저, 그리고 앞으로 희망하는 저의 모습까지 사랑하게 되었습니다. (중략) 그러니 우리 이제 모두 한 발자국만 더 나아갑시다. 우리는 자신을 사랑하는 법을 배워왔습니다. 이제는 자신의 목소리를 내보길 바라요. 모두에게 묻고 싶습니다. 당신의 이름은 무엇인가요? 여러분을 기쁘게 하고 심장 뛰게 하는 것은 무엇입니까? 당신의 이야기를 들려주세요. 여러분의 목소리를 듣고 여러분의 신념을 듣고 싶습니다. 당신이 누구든, 어디에서 왔든, 피부색이 무엇이든, 성별에 상관없이 그냥 자신의 목소리를 내세요. 자신의 이름을 찾고 자신의 이야기를 통해 목소리를 찾으세요."

공신뿐 아니라 자신의 분야에서 성공한 사람들은 한 목소리로 "꿈을 가져야 한다."라고 조언한다. 그렇다면 왜 그들은 '공부'보다 '꿈'을 강조하는 것일까?

바로 꿈이 공부에 대한 강력한 동기를 유발하기 때문이다. 꿈과 공부는 서로 분리할 수 없는 관계다. 따라서 간절히 이루고 싶은 꿈을 가

슴에 품게 되면 스스로 공부에 대해 생각해보게 된다.

'지금 내가 공부하지 않으면 미래는 어떻게 될까?'
'지금 하는 공부는 내가 이루고자 하는 꿈에 어떤 영향을 미칠까?'

결국 이런 생각은 '공부하자'는 쪽으로 결론을 내리게 하고 스스로 공붓벌레가 되도록 하는 것이다. 세상에 공부 하나로 인생 역전한 주인공들은 헤아릴 수 없이 많다. 그 가운데 『민성원의 공부 원리』의 저자 민성원 씨를 꼽을 수 있다. 그는 초등학교 시절 공부에 별로 관심이 없다가 어느 날 서울대에 합격하겠다는 결심을 한 후 지독하게 공부했다. 그 결과 중학교와 고등학교를 수석으로 졸업했는가 하면, 서울대 경제학과와 법대 공법학과를 졸업했다. 그 후 현대그룹 종합기획실에서 근무했고 현재 민성원 연구소 소장으로 있으면서 강연과 저술 활동을 하고 있다. 민성원은 10대들에게 다음과 같이 강조한다.

첫째, 큰 꿈을 가져야 한다.
경제적인 능력이나 환경, 두뇌(IQ) 등에 제약 받지 말고 꿈을 크게 가지라는 것이다. 전교 1등, 전국 수석, 서울대 등 현재 조건과 관계없이 큰 꿈을 가져야 한다. 100을 할 수 있다고 생각되면 150을 목표로 해보는 것이다. 그래야 도전해보고 싶은 열정과 해내고야 말겠다는 끈기가 생긴다.

둘째, 구체적인 꿈을 가져야 한다.

내가 가고자 하는 대학과 전공분야, 학과 그리고 사회진출의 전망까지 구체적이고 생생하게 그려보는 것은 중요하다. 구체적인 꿈만이 방향을 제시해줄 수 있고 그것을 이룰 수 있는 구체적인 행동을 가능하게 한다.

셋째, 실현 가능한 꿈을 꾸어라.

IQ 100정도면 누구나 서울대에 갈 수 있다. 그렇다면 대한민국의 평범한 사람이라면 누구나 갈 수 있는 것이 서울대이다. 더욱 중요한 것은 IQ는 노력에 따라 상승할 수 있다는 사실이다.

넷째, 자신만의 꿈을 갖는 것이다.

남이 나를 바라볼 때 만족하는 것이 중요한 것이 아니라 내가 나를 바라볼 때 만족할 수 있어야 진짜 꿈이며 그럴 때 모든 일이 즐거워 질 수 있는 것이다. 따라서 이기적일 정도로 자기중심적인 꿈을 갖는 것이 중요하다.

꿈 없이는 공부를 잘할 수도, 성공하는 인생을 살 수도 없다. 꿈이라는 강력한 동기를 가질 때 지독하게 공부하게 될 뿐 아니라 더 나은 미래를 만들어가기 위해 노력하게 된다.

『가난해도 꿈조차 가난할 수 없다』의 저자 김현근. 그는 영재학교 과학 사고력 검사에서 60점이라는 낙제점을 받았는가 하면, 첫 시험에서 꼴찌그룹에 속하기도 했다. 하지만 그는 '공부는 머리 좋은 사람이 아니라 엉덩이가 무거운 사람이 하는 것이다.'라는 신념을 가지고 지독한 근성으로 공부했다. 그 결과 3년 내내 올 A학점을 받아 수석 졸업의 영광을 차지했다. 2005년에는 4년간 2억 원을 지급하는 '삼성 이건희 해외 장학생'에 선발되었다. 그리고 마침내 명문 프린스턴 대학에 수시 특차로 합격해 그토록 갈망하던 아이비리그 유학의 꿈을 실현하여 경제학부를 우수한 성적으로 졸업했다.

지독한 가난 속에서도 김현근이 해냈다면 여러분 역시 할 수 있다. 꿈을 가지고 '된다, 된다, 나는 된다!'라는 긍정으로 공부해보라. 여러분이 가진 꿈이 공부에 대한 강력한 동기를 유발할 테니까!

04 비전 선언문을 작성하라

세계적인 제작자이자 감독인 스티븐 스필버그. 그가 처음부터 지금처럼 잘나가는 영화감독은 아니었다. 숱한 시련과 역경 속에서도 자신의 비전을 실현하기 위해 고군분투했고 그 결과 할리우드 최고의 흥행 감독이 될 수 있었다.

어려서부터 영화에 관심이 많았던 그는 고등학교 시절부터 영화감독이라는 비전을 가졌다.

하루는 아버지에게 자신의 비전에 대해 말했다.

"아빠, 저는 영화감독이 될 거예요."

그러자 아버지가 이렇게 격려했다.

"그래, 노력하면 반드시 이룰 수 있단다. 하지만 감독이 되기 위해선 밑바닥부터 일을 배워야 해."

그러나 그는 10대 시절 촬영현장에서 쫓겨나기를 밥 먹듯이 했다.

아버지는 아들의 비전을 실현하는 데 도움을 주기 위해 자금을 대주었다. 그렇게 해서 스필버그는 첫 영화인 〈파이어라이트〉를 제작해 애리조나 주 피닉스의 한 작은 영화관에서 상영하는 기쁨을 맛보았다.

그는 종종 친구들에게 이렇게 말했다.
"난 공상과학 분야의 세실 드밀(Cecil B. De Mille: 미국 최고의 영화감독 중의 한 명)이 될 거야."

그 후 스필버그는 유니버설 스튜디오에 매일 아침 정장 차림으로 출근하면서 어렵게 영화계에 입문할 수 있었다. 하지만 촬영에 지나치게 간섭한다는 이유로 쫓겨나는 수모를 당하기도 했다. 그러나 스필버그는 좌절하지 않았다.

그는 하루에도 몇 번씩 자신이 영화감독이 되어 활약하는 모습을 생생하게 상상했다. 그러던 어느 날, 제작자 데니스 호프만의 눈에 띄어 단편영화 〈앰브린〉 제작을 맡아 감독으로 데뷔할 수 있었다. 그리고 이어 〈조스〉가 대성공을 거두면서 일약 세계적인 감독의 반열에 올랐다. 스필버그는 〈백 투 더 퓨처〉, 〈쥬라기 공원〉, 〈맨 인 블랙〉, 〈트랜스포머〉 등의 여러 공상과학 영화를 제작해 세계 최고의 흥행감독이 되었다.

스티븐 스필버그가 영화감독이라는 꿈을 실현할 수 있었던 것은 명확한 자신만의 비전이 있었기 때문이다. 비전은 꿈을 명료하고 구체적으로 그리는 것을 말한다. 사람들 가운데 꿈을 이룬 사람보다 이루지 못한 사람이 더 많은 이유는 비전이 없기 때문이다.

1961년 5월 25일, 존 F. 케네디 대통령은 달 착륙 프로젝트에 대한 포부를 밝혔다.

"1960년대가 저물기 전에 미국은 달에 사람을 보내고, 안전하게 지구로 귀환시키는 꿈을 달성해야 한다고 생각합니다. 인간이 달에 착륙하는 목표를 이루도록 모든 국민이 합심해야 합니다."

이렇게 그는 달 착륙 비전을 구체화했다. 그러면서 그는 달 착륙 프로젝트에 참여한 사람들에게 영감을 불어넣는가 하면 시한까지 제시했다.

케네디우주센터의 전 발사운용부국장 앨버트 시퍼트는 이렇게 말한 바 있다.

"NASA가 달 착륙에 성공할 수 있었던 것은 뚜렷한 비전이 있고 그 비전을 구체적으로 묘사할 수 있었기 때문이다."

1977년, 스물두 살의 젊은 프로그래머이자 파워포인트 개발자인 캠벨은 덴버에서 작은 소프트웨어 회사를 운영하고 있었다. 당시 그는 조금씩 성장하고 있는 개인용 컴퓨터 시장을 관심 있게 지켜보면서 유망한 기업에서 일하고 싶은 생각을 가지고 있었다. 그가 가장 먼저 방문한 회사는 텍사스 포트워스에 위치한 탠디였다. 탠디는 1963년에 전자제품 유통업체 라디오 쉐크를 인수하여 CB 라디오(생활 무전기)를 생산하고 있었다.

탠디의 임원들을 만난 자리에서 캠벨은 이렇게 물었다.

"개인용 컴퓨터 시장에 대해 어떤 비전을 가지고 있습니까?"
"앞으로 개인용 컴퓨터는 미국인이 휴가 기간에 가장 사고 싶어 하는 물건 중 하나가 될 것입니다. 개인용 컴퓨터는 CB 라디오의 뒤를 이을 차세대 히트 상품이 될 것이라고 확신합니다."

캠벨은 탠디의 임원들이 가진 비전에 대해 어떤 감흥도 느낄 수 없었다. 그는 곧장 코모도르로 향했다. 코모도르는 현금등록기 생산업체로 1977년부터 본격적으로 개인용 컴퓨터 시장에 뛰어들어 PET라는 컴퓨터를 막 출시한 상태였다. 그러나 코모도르의 주가는 1달러에도 미치지 못했다.
캠벨이 코모도르 임원들에게 물었다.

"개인용 컴퓨터 시장에 어떤 비전을 가지고 계신가요?"
"PET가 성공하면 주가를 2달러 이상으로 끌어올리는 데 아무런 문제가 없다고 생각합니다."

캠벨은 코모도르가 회사의 주가를 높이기 위해 컴퓨터를 만들고 있다고 생각했다. 하지만 그는 이윤 추구에만 목매는 기업에는 아무런 관심이 없었다. 그는 마지막으로 애플을 찾아가 스티브 잡스를 만났다. 그날 캠벨은 스티브 잡스와 함께 점심식사를 하게 되었다. 식사 중에 캠벨은 스티브 잡스에게 물었다.

"개인용 컴퓨터 시장에 대해 어떤 비전을 가지고 있습니까?"

그러자 스티브 잡스는 확신에 찬 어조로 몇 시간에 걸쳐 개인용 컴퓨터가 앞으로 세상을 어떻게 변화시킬 것인지에 대해 실감나게 설명했다.

"사람들이 업무를 처리하고 학생들을 가르치고 여가를 즐기는 기존의 모든 방식을 개인용 컴퓨터가 바꿔나갈 것입니다."

캠벨은 스티브 잡스의 말에 흠뻑 매료되었다. 그 자리에서 애플에서 일하기로 결심했다. 훗날 한 기자가 캠벨에게 물었다.
"스티브 잡스에게 어떤 특별한 점이 있다고 생각합니까?"

캠벨이 대답했다.
"그에게는 비전이 있습니다. 지평선 너머를 내다보는 원대한 비전 말이죠."

애플의 전략 마케팅 부사장이었던 트립 호킨스 역시 비슷한 말을 했다.

"스티브 잡스의 비전에는 놀라운 힘이 들어 있습니다. 어떤 일을 추진하기로 결정했을 때 그는 강력한 비전을 제시함으로써 거치적거리는 모든 문제를 한꺼번에 날려버립니다."

비전은 꿈이라는 로켓을 우주로 쏘아 올리는 추진 장치와 같다. 결국 꿈을 이루기 위해서는 꿈과 함께 그 꿈을 뒷받침하는 명료하고 구체적인 비전이 따라야 한다. 애매모호한 꿈은 이루어지지 않는다. 그러나 명료하고 구체적인 꿈은 반드시 이루어지게 마련이다.

세계적으로 유명한 리더십 전문가 존 맥스웰은 저서 『꿈이 나에게 묻는 열 가지 질문』에서 이렇게 말했다.

"꿈을 이루고 싶다면 우선 그 꿈을 명료하게 봐야 한다. 꿈을 따르기 전에 먼저 그 꿈을 명확히 해야 한다. 하지만 현실에서는 대부분의 사람이 그러지 않는다는 것이 문제다. 그들의 꿈은 모호하고 불분명한 무언가로 남겨져 결국 꿈을 이루지 못할 것이다."

나는 여러분에게 비전 선언문을 작성할 것을 주문하고 싶다. 비전 선언문은 쉽게 말해 자신의 꿈을 좀 더 명료하게 해주는 일종의 꿈 계획서와 같다. 베스트셀러 작가, 대한민국 최고의 동기부여가의 꿈을 가진 나 역시 아래와 같이 비전 선언문을 작성해 집필실 등에 붙여두고 습관적으로 낭송한다.

비전 선언문

1. 독자들에게 사랑받는 작가, 고정 팬들을 거느리는 베스트셀러 작가가 된다.

2. 1년에 12권 이상의 책을 출간하여 꾸준히 세상에 나의 존재를 알린다.

3. 꿈이 없는 사람에게는 확고한 꿈을 심어주고 자신감이 부족한 사람에게는 강한 자신감을 심어주는, 세상에 빛이 되는 책을 집필한다.

4. 나의 강점인 책 쓰기, 동기부여 강사 활동을 통해 다양한 영역으로 사업을 확대한다.

5. 1년에 두 권씩 서점 베스트셀러 목록에 올린다.

6. 꿈은 있지만 실현하는 방법을 모르는 사람들을 돕는 드림 헬퍼(Dream Helper)가 된다.

여러분도 자신의 꿈을 분명하게 해주는 비전 선언문을 작성해보길 바란다. 비전 선언문을 작성해두면 우선 꿈을 세분화한 목표를 구체화할 수 있을 뿐 아니라 측정이 가능하다. 그래서 자신이 지금 꿈을 향해 가까이 다가가고 있는지, 아니면 꿈과 멀어지고 있는지 알 수 있다.

오프라 윈프리는 "지금 꿈을 좇고 있는 여러분은 가장 강력한 사람이다."라고 말했다. 인도의 정신적 스승인 파탄잘리 역시 비슷한 말을 했다.

"지금 인생 최대의 목표를 따라가고 있다면 여러분은 그 어떤 어려움도 이겨낼 수 있다. 여러분의 아이디어는 모든 난관을 넘어 세상을 향해 나아갈 것이고 언젠가 여러분은 아름답고 우아한 세상에 서 있는 자신을 발견하게 될 것이다. 나아가 그동안 잠들어 있던 힘과 재능이 깨어나면서 자신도 미처 몰랐던 내면의 위대함을 깨닫게 될 것이다."

그러나 꿈을 가지고 있다고 해서 실현되지 않는다. 명료하고 구체적인 비전이 뒷받침될 때 꿈은 백일몽이 아닌 실제가 된다.

05 나를 사랑하니까, 나는 공부한다

내가 운영하는 사이트에 다음과 같은 글이 올라왔다.

"모두 똑같이 24시간을 사는데 난 왜 학창 시절에 놀 생각만 했을까? 친구들이 공부할 때 놀고 있었다는 것이 참 후회된다. 하루에 2시간씩만 공부해도 1년이면 730시간을 공부할 수 있다. 그 시간을 어떻게 보내느냐에 따라 자신의 미래가 결정된다. 그 시간에 공부만 해도 한 달에 자격증을 한 개씩 딸 수 있다. 그 시간에 운동만 해도 남들보다 멋진 몸을 만들 수 있다. 그 시간에 발성연습을 하면 남들보다 멋진 연설을 할 수 있다. 서른 살을 앞두고 있는 지금, 매일 하루 두 시간씩 컴퓨터 앞에 앉아서 게임하고 텔레비전 보던 과거의 내가 참으로 후회스럽다."

이 글을 본 많은 사람들이 댓글을 달았다. 하나같이 자신들 역시 학창 시절을 알차게 보내지 못한 것에 대한 후회가 가득한 내용이었다. 대부분의 사람은 인생을 살면서 쓰고 단맛을 모두 느끼고 나서야 자신의 인생에서 10대 시절이 너무나 중요하다는 사실을 깨닫고 후회한다.

'그때 좀 더 열심히 공부했더라면….'
'다시 그때로 돌아갈 수 있다면 죽기 살기로 공부할 수 있을 텐데….'

이런 말이 있다.

"성공의 비결은 남들이 잘 때 공부하고, 남들이 빈둥거릴 때 일하며, 남들이 놀 때 준비하고, 남들이 그저 바라기만 할 때 꿈을 갖는 것이다."

그렇다. 성공의 비결은 간단하다. 남들이 놀 때 공부하고 최선을 다해 일하는 것이다. 성공 비결이 이토록 쉬운데도 왜 사람들은 힘든 인생을 사는 것일까? 성공 비결이 너무 쉽고 간단하다보니 간과하기 때문이다.

자신을 아끼고 사랑하는 사람은 절대적으로 공부를 기회로 생각한다. 자신에게 주어진 공부라는 기회를 꽉 움켜쥐고 자신의 것으로 만든다. 공부만 잘해도 얼마든지 자신이 바라는 인생을 창조할 수 있기 때문이다.

과거 버스를 개조해 만든 집에서 온 가족이 생활할 정도로 지독하게 가난하게 살았던 고학생이 장학금을 들고 모교를 찾았다. 그는 2009년 서울대에 송재홍장학기금을 출연한 송재홍 홍보산업 대표다. 그는 자신이 이사장으로 있는 재단법인 현동장학회를 통해 18년 동안 해마다 1억 원을 서울대에 전달하기로 했다.

그의 학창 시절은 지독한 가난으로 점철되어 있다. 지독한 가난 때문에 마음 놓고 공부할 수 없었기 때문이다. 그래서 '하루만이라도 공부만 할 수 있다면' 하고 바랐던 적이 많았다. 그의 아버지는 93년 한동대를 설립한 송태헌 대영그룹 회장으로 1987년 시작한 폐기물 처리 사업으로 큰돈을 벌어 집안을 일으켰지만 1970년대 초반 큰 사기를 당했다. 10여 년 동안 온 가족이 몹시 궁핍하게 살 수밖에 없었다.

그가 중학교 2학년이던 1978년부터는 일곱 식구가 경북 포항시 고물상 한쪽에 놓인 '버스집'에서 살 정도로 형편이 어려웠다.

그는 당시를 이렇게 회상했다.
"낡은 버스 바퀴를 떼어버리고 벽에는 스티로폼과 합판을 댄 집이었어요. 버스 안에 칸막이로 방 세 개를 만들고 버스 외벽에 슬레이트 지붕을 댄 부엌으로 썼지요. 그 와중에 부모님은 장남인 내가 수험생이라고 공부방을 따로 만들어주셨습니다."

그의 서울대 농화학과를 1983년에 입학했지만 공부와 아르바이트를 병행하느라 11학기 만에 졸업할 수 있었다. 그는 방학이면 오전 5시부터 다음 날 오전 1시까지 자전거를 타고 다니며 온갖 아르바이트를 해서 돈을 벌었다. 그럼에도 그는 공부에 대한 끈을 놓지 않았다.

지금 공부가 전부인 10대들은 마음껏 공부할 수 있는 현실이 얼마나 행복한 시기인지 잘 알지 못한다. 아니, 행복은커녕 얼른 대학생이 되고 사회인이 되기를 바랄 것이다. 2010년 영화배우 이정진, 김태우 주연의 영화 〈돌이킬 수 없는〉에서 설문조사를 실시했다. 이 영화 예매 사이트 예스24를 통해 약 일주일간 '내 인생에서 가장 돌이킬 수 없었던 잘못은?'이라는 내용이었다.

그 결과, '공부를 열심히 하지 않은 것'이 48%(581명)로 1위를 차지했다.

그밖에도 많은 네티즌들은 학창 시절 열심히 공부하지 않은 것에 대한 아쉬움을 나타냈다.

"정말 공부 열심히 안 한 게 너무 후회가 됩니다."
"그때 열심히 했더라면 인생이 달라졌을 텐데…."
"옛날에 어른들이 했던 말을 내가 하고 있네요. 공부는 다 때가 있는 건데 아쉽습니다."

학창 시절 최선을 다해 공부하지 않으면 5년, 10년 후에는 반드시 후회하게 되어 있다. 특히 힘든 인생을 사는 사람들은 자신의 인생이 안 풀리는 이유가 학창 시절 공부를 열심히 하지 않았기 때문이라고 여기게 된다. 자신이 원하는 대학에 가지 못하고 번듯한 직장에 입사하지 못한 이유, 그리고 멋진 배우자를 만나지 못한 이유가 학창 시절 성적 탓이라고 생각하기 때문이다.

공부에는 때가 있다. 공부할 수 있는 지금 치열하게 공부해야 한다. 1999년 기드 박사 팀은 청소년 뇌에 대한 논문을 발표했다. 청소년 뇌의 회백질은 초기에는 두꺼워지다가 점점 얇아진다. 회백질이 얇아지는 이유는 뇌의 시냅스가 가지치기하기 때문이다. 시냅스는 신경세포 사이를 연결한다. 시냅스가 활성화되어 있으면 더 잘 받아들이고 기억하고 출력한다. 시냅스는 새로 만들어지기도 하지만 사실 신경세포가 만들어졌을 때 이미 무작위로 연결되어 있다. 청소년기의 시냅스 가지치기는 한마디로 필요 없는 부분을 잘라내는 것이다. 즉 이 연구 결과에 따르면 청소년기 뇌의 용량이 최대치이고, 그 이후로는 점점 떨어진다는 것이다.

"머리가 굳어져서 방금 배운 것도 금세 잊어버린다!"

어른들의 이런 말에는 일리가 있는 것이다. 따라서 머리가 말랑말랑한 10대 때 공부해야 오래 기억되어 학습 효과가 뛰어나다.

청소년기의 학창 시절이 영원할 것 같지만 생각보다 굉장히 짧다. 공부에만 파묻혀 있다 보니 학창 시절이 영원처럼 느껴지는 것이다. 그러나 조금만 시간이 흐르고 난 뒤에 여러분은 인생에서 가장 힘들게 생각되었던 학창 시절을 절실히 그리워하게 된다. 또한 그렇게 힘들고 지겹게 여긴 공부가 바로 '꿈과 희망의 보고'였다는 사실을 깨닫게 된다. 그러니 지금 당장 공부하라!

"나를 사랑하니까, 나는 공부한다."

당신을 치열하게 사랑해보라. 저절로 치열하게 공부하게 되지 않겠는가?

06 꿈이 있는 사람은 절대 공부를 포기하지 않는다

학창 시절 열심히 공부하지 않은 사람들은 시간이 지날수록 학창 시절이 그리워진다. 그래서 그들은 공부와 담쌓은 10대들을 안타까운 시선으로 바라본다. 자신의 과거가 오버랩되기 때문이다.

'한국 축구 역사를 새로 쓴 허정무 축구 감독'

그는 전주대학교에서 100여 명의 중학교 선수들을 대상으로 한 축구클리닉에서 공부의 중요성을 강조했다. 그가 축구가 아닌 공부의 중요성에 대해 언급한 이유는 학창 시절 공부를 소홀히 했던 데서 온 회한 때문이다. 그는 중학교 시절까지는 공부와 축구를 병행했지만 고교 시절부터는 공부를 소홀히 할 수밖에 없었다. 하지만 마음 한 구석에는 공부에 대한 열망으로 가득 차 있었다.

학창 시절 공부를 등한시했던 그는 과거 축구선수로 활약할 때 해외에서 많은 고충을 겪어야 했다. 당시를 이렇게 회상했다.

"외국 호텔에서 계란 프라이를 먹고 싶은데 어떻게 말할지 몰라서 온몸으로 닭 흉내를 내야 했습니다."

잘나가는 축구선수가 계란 프라이를 먹기 위해 온몸으로 닭 흉내를 내고 있는 모습을 생각하니 피식 웃음이 나온다. 만약에 그가 학창 시절에 영어 공부를 충실히 했더라면 유창한 영어 발음으로 자신이 먹고 싶은 계란 프라이를 주문했을 것이다.

그는 학생들에게 이렇게 조언했다.
"연구하고 공부하는 선수와 그렇지 못한 선수는 시간이 지날수록 실력 차이가 커집니다. 좋은 선수가 되려면 어릴 때부터 공부하고 연구하는 습관을 길러야 합니다. 쉴 때도 TV 개그 프로를 보고 히히덕거리거나 컴퓨터게임만 하지 말고 책, 신문을 읽고 뉴스를 보세요. 하루 5~10분이라도 하루를 진지하게 되돌아보고 반성하는 시간을 갖는 것도 좋은 방법입니다."

마지막으로 그는 이런 말도 잊지 않았다.
"꿈이 있다면 포기하지 말고 끝까지 공부하세요!"

문상모 전 서울시 의원은 늦깎이 대학생이 되었다. 그는 '무결석'을

학점 관리의 제1원칙으로 정하고 시의원인 동시에 대학생으로 바쁜 나날을 보냈다. 대학에 진학하기 전 그는 '의정활동을 하면서 대학을 다니는 게 가능할까?'라는 의문도 들었다. 그러나 그 어떤 것도 배움에 대한 그의 열정을 막을 수 없었다.

평일에는 의회 일을 끝내고 바로 학교로 향했다. 그래서 밤 9시가 넘어서야 의정과 관련된 사람들을 만나고, 집에 들어가면 새벽 2시가 넘는 일이 다반사였다.

그렇다면 그가 뒤늦게 대학교에 진학한 이유는 무엇일까? 학창 시절, 그는 집안 형편이 어려워 고등학교에 진학하지 못했다. 그 후 돈을 벌기 위해 1년 동안 배를 타는 등 어려움을 많이 겪어야 했다.

그 후 그는 남들이 부러워하는 인생을 사는 동안에도 배움에 대한 열망을 저버릴 수 없었다. 그래서 배움에 대한 꿈을 이루기 위해 고등학교에 진학했고 다시 이를 악물고 공부했다. 결국 문상모 전 의원은 서울과학기술대학교 행정학과를 졸업하고 광운대학교 상담복지정책대학원에서 사회복지학과 석사학위를 취득했다.

꿈이 있는 사람은 절대 공부를 포기하지 않는다. 공부를 꿈을 이루어주는 기회이자 수단으로 여기기 때문이다. 학생들 가운데 공부와 담쌓은 친구들은 대부분 꿈이 없다. 간절히 이루고 싶은 꿈이 없기 때문에 공부에 대한 동기가 유발되지 않는 것이다.

프랑스 유력 일간지 〈르피가로〉는 '한국의 성공 비결은 공부 또 공부'라고 보도한 적이 있다. 〈르피가로〉는 경제협력개발기구(OECD) 학업성취도 국제비교 결과를 소개하며 한국의 성공 비결이 끊임없는 공부에 있다는 기사를 게재했다. 또한 한국 학생들은 1주일에 평균 50시간을 공부하고 있다면서 이는 OECD 회원국 가운데 가장 공부를 많이 하는 것이라고 했다.

　나 역시 〈르피가로〉의 주장에 적극적으로 동감한다. 지금처럼 한국이 눈부신 성장을 일궈낼 수 있었던 것은 한국의 부모님들이 자녀 교육에 모든 것을 걸었기 때문이다. 당신들은 못 먹어도 자식만은 공부시켜야 한다며 허리가 휘도록 열심히 일했다. 공부를 해야 사람 구실할 수 있을 뿐 아니라 출세할 수 있다고 굳게 믿었기 때문이다. 공부에 대한 그 믿음이 지금의 경제성장을 이룩한 동력이 되었다.

　오래전 야구선수를 꿈꿨던 한 고등학생이 사법고시에 합격하여 화제가 된 적이 있다. 그 주인공은 바로 인하대 법학과 4학년이던 2010년 사법고시에 합격한 이종훈 씨다. 재미있는 사실은 그의 고등학교 2학년 성적이 전교생 755명 중 750등이라는 점이다. 그를 통해 영원한 꼴찌는 없다는 진리를 다시금 깨닫게 된다.

　어느 인터뷰에서 기자가 그에게 야구를 포기하게 된 이유와 늦게 시작한 공부가 힘들지 않았는지 물었다. 그러자 그는 이렇게 답했다.

"누구보다 야구를 더 좋아하고 열심히 했지만, 더 이상 야구선수로서의 비전은 보이지 않았고, 고등학교 2학년 10월에 그토록 좋아했던 야구를 그만두게 되었습니다. 막상 야구를 그만두고 공부를 시작하려고 하니 공부에 대해서는 아는 것이 아무것도 없어서 정말 막막했습니다. 야구부 시절 중학교 때까지는 수업에 들어가긴 했지만 공부에는 전혀 흥미도 없었고 전날 운동을 하느라 몸이 피곤하여 대부분 잠을 자면서 보냈고, 고등학교에 진학하면서부터는 1교시 수업에만 참여하고 바로 운동을 하였기 때문에 학창 시절에는 공부와는 담을 쌓고 지냈던 것 같습니다."

그는 야구를 그만둔 후 열아홉 살에 중학교 1학년 영어와 수학부터 공부를 시작했다. '야구선수로서 한번 실패한 이상 공부라도 잘해야 한다'는 심리적 압박감을 가지고 지독하게 공부했다. 중학교 1, 2, 3학년 과정을 마치는 데는 대략 6개월 정도의 시간이 걸렸고, 그 후에는 고등학교 1학년 과정부터 차근차근 공부해 나가기 시작했다.

그러나 야구를 하는 동안 고등학교 1학년, 2학년 내신 성적이 바닥이었기 때문에 고등학교 3학년 10월에 자퇴하게 되었다. 하지만 치열하게 공부한 덕분에 이듬해 수능시험에 응시하여 인하대학교 법학과에 입학할 수 있었다. 그러나 대학생활 역시 만만치 않았다. 그는 남들보다 몇 배로 공부했고, 마침내 2010년 사법고시에 합격하는 쾌거를 이루었다.

"공부는 관성입니다. 두세 달만 고생하면 공부 습관이 자리 잡습니다. 저도 처음에는 좀이 쑤셔 몸살이 날 정도였지요. 하지만 '일단 책상에 앉고 보자', '일단 독서실로 들어가자'고 마음을 먹으니 자연스레 공부가 생활이 되더라고요."

공부로 인생 역전한 그는 10대들에게 이렇게 조언한다.

"어떤 꿈을 이루기 위해서는 포기해야만 하는 여러 가치가 있고 그것이 아쉬움으로 남을 수는 있겠지만, 자신이 원하는 무언가를 이루기 위해 노력하며 달려가는 모습은 그 자체로 멋진 일인 것 같습니다. 물론 공부하는 과정 속에서 순간순간에 포기하고 싶은 마음도 많이 들겠지만 원하는 목표를 이루었을 때의 기쁨을 상상하시며 열정을 가지고 도전한다면 반드시 좋은 결과가 있을 것이라고 생각합니다."

이종훈 씨야말로 스스로를 보석처럼 아끼고 사랑한다는 것을 알 수 있다. 고등학교 2학년 성적이 전교생 755명 중 750등일 정도로 바닥이었던 그에게 공부는 쉽지 않은 선택이었을 것이다. 그러나 그는 야구선수로서의 실패를 공부에서 만회하고 싶었다. 자신의 인생이 그대로 무너지는 것을 용납할 수 없었던 것이다.

지금껏 내가 만난 공신들은 모두 분명한 꿈을 가지고 있었다. 무엇보다 그들은 지금 하는 공부가 꿈이 활짝 만개할 수 있도록 밑거름이 된다는 것을 믿고 있었다. 그래서 힘든 공부를 놀이처럼 즐겁게 할 수 있었던 것이다.

청소년들은 인생에서 가장 중요한 기로에 선 시점이다. 지금 중요한 시기를 어떻게 보내느냐에 따라 미래가 좌우된다. 물론 공부가 힘겨운 일이지만 스스로를 설득해 지독한 노력으로 공부하길 바란다.

꿈이 있는 사람은 절대 공부를 포기하지 않는 법이니까!

07 성적은 학생의 성실함을 재는 잣대

"왜 성적이 좋아야 할까요?"

나는 종종 10대들에게 이같이 물었다. 그러면 대부분 성적이 좋으면 좋은 대학을 갈 수 있기 때문이라고 답한다. 그렇다면 '오로지 좋은 대학에 가기 위해 좋은 성적을 받아야 하는 걸까?' 이런 의문이 든다.

내가 운영하는 사이트 게시판에 한 학생이 이런 질문을 남겼다.

"왜 공부를 해야 하는지, 좋은 성적을 받아야 하는지 모르겠어요. 그 이유를 알려주세요."

그러자 한 분이 다음과 같이 댓글을 달았다.

"대학간판이 의미하는 것이 무엇일까요? 이 사람은 공부를 잘했으니 똑똑할 것이다? 이것은 그릇된 생각입니다. 대학간판이 상징하는 것은 성실성이라고 할 수 있습니다. 지방대 나온 사람과 서울대 나온 사람 가운데 누가 더 주어진 일을 성실하게 해낼 거라고 생각하십니까? 대한민국에서 사는 국민으로서 대학이 의미하는 것은 성실성이고, 대학별 차이는 이 사람은 얼마나 성실하게 주어진 일에 최선을 다했느냐 입니다. 따라서 공부하는 이유는 '나는 게으른 사람이냐, 아니면 성실한 사람이냐'를 재는 잣대이기 때문이죠."

나는 개인적으로 학생의 본분은 공부이며, 학점은 성실함을 나타내는 지표와 같다고 생각한다. 물론 성적과 성실함이 일치되지 않을 수 있고, 학점에 얽매이는 것도 바람직하지 않다. 그러나 오늘날의 현실에서 성적이 학생의 성실함을 재는 잣대로서 중요한 부분을 차지하고 있다는 것을 그 누구도 부정할 수 없을 것이다.

학생들을 후원하는 단체가 많다. 그런데 이들 단체들은 하나같이 같은 조건을 내건다.

'단, 성적이 좋은 모범적인 학생일 것.'

그들은 장학금을 지급하는 조건으로 공부 잘하는 학생으로 한정해 놓는다. 그 이유는 학생의 본분이 공부에 있는 만큼 '공부를 잘하는 학생'은 '성실하다'고 해석하기 때문이다. 사실 성적이 좋지 않은 학생치고 성실한 사람은 거의 없다. 성적이 저조한 이유가 열심히 공부하지 않았기 때문이니까.

학창 시절에 하는 공부는 졸업 후에도 많은 것들에 영향을 미친다. 취직을 하는 데 결정적인 발목을 잡는 것이 바로 성적이다. 명문 대학 졸업자들이 그렇지 않은 사람들에 비해 대기업이나 좋은 회사에 들어가는 데는 다 이유가 있다. 사실 기업의 입사 담당자가 지원자 모두를 세세하게 파악할 수는 없는 노릇이다. 물론 시간이 넉넉하게 주어진다면 많은 입사 지원서들을 면밀히 살펴보면서 옥석을 가릴 수 있을 것이다. 그러나 현실을 그렇지 못하다. 그래서 입사 담당자는 좋은 대학을 나온 사람 위주로 선발하게 된다. 좋은 대학을 나왔다는 것은 중고등학교 시절 열심히 공부했다는 방증이기 때문이다. 따라서 대학 간판과 성적에서 그 사람의 성실함을 찾게 된다.

좋은 대학을 졸업했다는 것은 중고등학교 시절 성실하게 공부했다는 증거다. 달리 말하면 학교생활을 성실하게 했다는 말이기도 하다. 이는 곧 집중력과 인내심이 뛰어나다는 것을 뜻한다. 입사 담당자들이 좋은 대학을 나온 지원자를 선호하는 또 다른 이유가 있다. 지원자의 인적 네트워크를 꼽을 수 있다. 좋은 대학을 나온 지원자는 그 대학의 선후배들과 인적 네트워크를 구축하기가 쉽다. 또한 쉽게 그들의 협조를 이끌어낼 수도 있다는 계산이 선다. 하지만 그렇지 않은 지원자의 주위에는 특출하게 내세울 선후배들을 찾아보기 힘들다.

학창 시절을 결코 헛되이 보내선 안 된다. 학창 시절은 근사한 집을 짓기 위해 벽돌을 한 장 한 장 쌓듯이 자신이 원하는 미래를 위해 성실함의 스펙을 쌓는 시간이다. 대학교 입학 때까지를 전반기로 보고 그 과정을 초, 중, 고, 대학 생활로 나누면 초, 중학교는 기본과 습관을 기르고 그것을 실천하는 훈련기로 볼 수 있다. 고등학교는 그 성실성에 따라 대학 진학을 비롯해 졸업 후의 성공과 실패를 좌우하게 된다.

머리가 좋고 지능이 뛰어난가, 어떤 일에 집중할 수 있는 의지와 결단력이 있는가, 자신감 넘치는 용기와 배포가 있는가를 따지는 것이 사회생활에서 필요하다. 그러나 대학교 진학뿐 아니라 성공하는 사회생활을 위해서는 학창 시절의 성실함이 훨씬 더 중요하다는 사실을 반드시 기억해야 한다.

학창 시절의 공부는 참으로 중요하다. 공부를 잘하는 것으로 나의 많은 것을 대변할 수 있기 때문이다. 가난한 열등생에서 6개월 만에 꼴찌에서 반 1등으로 올라서고, 서울대와 고려대에 연이어 합격한 박철범 씨. 그는 『하루라도 공부만 할 수 있다면』에서 이렇게 말한다.

"어떻게 하면 특별해질 수 있을까? 내가 쉽게 이룰 수 있는 것이라면 남들도 쉽게 이룰 수 있는 것이다. 그러나 내가 만약 뭔가 어려운 것을 해낸다면, 나는 그만큼 남들보다 특별해지는 것이 아닐까? 쉽지 않은 이 공부를 내가 해낸다면, 나는 그만큼 남들은 쉽게 하지 못하는 일을 해낼 수 있는 사람, 즉 대체불가능한 사람이 되는 것 아닐까?

지금에 와서 보니 그때의 내 생각이 틀리지 않았다는 것을 깨닫는다. 예전의 나는 공부가 지긋지긋해 노는 것에 빠져 살았던 평범 이하의 학생이었다. 그러나 지금은 이렇게 후배들이 공부를 좀 더 쉽게 할 수 있도록, 자신의 꿈을 좀 더 쉽게 이룰 수 있도록 돕고 있다.

공부를 잘하면 특별해진다. 평범한 사람들과 다른 엘리트가 된다는 뜻이 아니라, 당신이 앞으로 하게 될 일은 다른 누군가가 쉽게 할 수 있는 일이 아니게 된다는 뜻이다. 그런 의미에서 당신이 특별해진다는 말이다. 당신은 그만큼 자유로워지고, 인생에 대한 선택의 폭도 넓어진다."

그렇다. 좋은 성적만으로도 남들과 다른 내가 된다. 아니 특별한 내가 된다. 좋은 성적은 후광효과로 인해 자신을 둘러싸고 있는 다른 것들까지 원래보다 더 밝게 빛나 보이게 만든다. 사람들이 좋은 학벌을 가진 사람의 말에 더 귀 기울이고 신뢰하는 이유는 바로 그 때문이다.

2018년 고등학교 졸업자 가운데 대학 진학자 비율이 68.9%다. 10명 중 7명은 대학교에 간다. 하지만 이 가운데 이름만 들어도 고개가 끄덕여지는 수준 있는 대학을 졸업하는 사람은 극소수다. 갈수록 그렇지 못한 사람이 설 자리가 줄어들고 있다. 주류사회에 진입하고 자신의 분야에서 성공하고 싶다면 좋은 대학을 나와야 한다.

오죽하면 사업을 위해 하버드대학을 중퇴했던 빌 게이츠마저 이런 말을 했을까?

"공부밖에 할 줄 모르는 바보한테 잘 보여라. 사회에 나온 다음에는 아마 그 바보 밑에서 일하게 될지 모른다. 세상을 공부를 잘했던 바보들이 이끌어간다. 그 밑에 일하는 사람들은 하나같이 공부를 덜했던 사람이다."

여러분 주위를 둘러보라. 지금보다 더 치열하게 공부해서 성적을 올릴 자신이 없다면 성적이 우수한 친구들에게 미리 잘 보여라. 나중에 한 직장에서 만나게 되면 허리를 굽실거리게 될 테니까.

절대 그런 일이 일어나선 안 된다고? 그렇다면 지독하게 공부하라. 사력을 다해 공부하고 또 공부하라. 다음은 브래드 피트가 주연한 〈벤자민 버튼의 시간은 거꾸로 간다〉라는 영화에서 주인공이 열세 살짜리 딸에게 쓴 편지 내용이다.

"살아가면서 너무 늦거나 이른 것은 없다. 넌 뭐든지 될 수 있다. 꿈을 이루는 데 시간 제한은 없단다. 지금처럼 살아도 되고 새로운 삶을 살아도 된다. 최선의 선택과 최악의 선택 중 최선의 선택을 내리길 바라마."

나는 여러분이 열심히 공부를 하는 최선의 선택을 내리길 바란다.

이종훈 씨는 고등학교 때 전교 755명 중 750등으로 꼴찌였다. 학창 시절에 야구를 했기 때문에 공부를 늦게 시작했지만 노력한 끝에 사법 고시까지 합격할 수 있었다. 공부 비법은 간단했다.

1. 지금부터 시작한다
2. 기초부터 공부한다
3. 치열하게 버틴다

그는 서두르지 않고 중학교 과정부터 차근차근 공부를 시작했다. 영어와 수학은 중1 과정부터 공부했다. 나머지 과목도 기초부터 쌓아나갔다. 기초 개념을 이해하기 시작하면서 공부가 재미있어지기 시작했다. 그는 공부에 대해 이렇게 말했다.

"공부가 재미있으려면 문제가 해결되어야 해요. 고2, 3이 되어 공부를 시작하면 대부분 문제집을 펴놓고 있어요. 당연히 공부가 재밌을 리 없죠. 모르면 초등학교, 중학교 책부터 시작하는 게 순서예요."

그는 6개월 만에 중학교 과정을 마쳤다. 그러나 수능까지는 너무 촉박해서 검정고시를 선택하고 재수를 했다. 1년 후 그는 수능 400점 만점에 388점을 맞았다. 그리고 사법고시도 합격할 수 있었다.

2장

공부, 과정을 즐기면
최상의 결과가 따라온다

01 기도가 아닌
공부할 때 성적이 향상된다

얼마 전 중학생들로부터 다음과 같은 메일을 받았다.

"성적에 대해서 고민거리가 생겼습니다. 공부 잘하는 방법은 없을까
요? 성적 고민 때문에 요즘 생활이 너무 힘들어요. 해결 방안 좀 찾아
주세요."

"오늘 성적표를 받고 하늘이 무너지는 것 같았어요. 등수가 352명
중에서 289등이었기 때문입니다. 부모님께 성적표를 보여드려야 하
는데 도무지 용기가 나질 않아요. 어떻게 하면 공부를 잘할 수 있을까
요? 아무리 생각해도 머리만 아픈데 공부비결 좀 부탁드립니다."

요즘 성적 때문에 고민하는 학생들이 많다. 심지어 어떤 학생은 자
신의 성적을 비관한 나머지 목숨을 던지는 선택을 하기도 한다. 그만

큼 10대들에게 공부가 중요한 부분을 차지하기 때문이다.

나는 중학생들에게 답신을 보냈다.

"현재 성적을 보면서 고민하지 말고 책상에 앉아서 공부하기를 바랍니다. 성적은 기도가 아니라 공부할 때 향상된다는 것 잊지 마세요"

사실 10대 시절의 나 역시도 성적표를 받아들고 어떻게 하면 공부를 잘할 수 있을지 고민했다. 그런데 고민만 했지, 정작 성적을 올리기 위해 치열하게 공부했던 기억은 별로 없는 것 같다.

이미 나온 성적표를 보고 고민해봐야 아무런 소용이 없다. 뿐만 아니라 우리는 고민하는 시간에 책상에 앉아 치열하게 공부하면 다음에 성적표를 받을 때는 흐뭇한 미소를 지을 수 있다는 사실을 안다. 공부는 하지 않고 성적 고민만 하는 사람은 다음의 일화에 나오는 남자와 같다.

남자의 유일한 꿈은 부자가 되는 것이었다. 그래서 그는 날마다 교회에 가서 복권에 당첨되게 해달라고 신에게 기도했다. 그렇게 며칠, 몇 주, 몇 달, 몇 년 동안 기도했지만 남자의 소원은 이루어지지 않았다. 낙담한 남자는 신에게 화를 내며 말했다.

"신이시여, 정말 너무하시는군요!"

그러자 갑자기 정적이 깨지며 신의 목소리가 들려왔다.

"너야말로 너무하는구나. 적어도 복권은 산 다음에 당첨되게 해달라고 기도를 해야지!"

복권을 사야만 복권 당첨도 기대해볼 수 있다. 그런데 복권도 사지 않고 신에게 복권에 당첨되게 해달라고 하는 건 어불성설이다. 공부도 마찬가지다. 책상에 앉아 열심히 공부할 때 공부에 대한 자신감이 생겨나고 조금씩 성적이 향상된다.

학교에서 두각을 나타내는 공신들은 공부가 습관화된 친구들이다. 그들은 성적이 나빴던 과거에도 '어떻게 하면 성적을 올릴 수 있을까?' 하고 고민만 하지 않았다. 즉각 우등생 친구의 공부법과 자신의 공부법을 비교해본 뒤 효율적으로 개선한 뒤 치열하게 공부했다. 그리하여 시간이 흐르면서 자신만의 공부법을 개발할 수 있었던 것이다.

영국의 심리학자 리처드 와이즈먼 박사는 행운에 대해 10년 넘게 연구를 했다. 그는 BBC 방송과 함께 행운에 대한 실험 프로그램을 진행하기로 했다. 신문 광고를 통해 프로그램에 참여할 사람들을 모집했다. 광고를 보고 '행운이 따른다고 생각하는 사람'과 '행운이 없다고 생각하는 사람'들이 모여들었다. 와이즈먼 박사는 이들 가운데 100명을 선발했다.

그는 실험 프로그램에 앞서 두 부류의 차이점을 확인할 수 있는 실험을 했다. 그들에게 미리 준비한 신문을 보여주고 그 속에 얼마나 많은 사진이 있는지 파악하라는 주제를 주었다. 그는 그들을 만나기 전에 신문의 중간쯤에 커다랗게 글을 써놓았다.

"이 글을 발견한 사람은 내게 와서 돈을 달라고 조용히 말하세요."

그 결과 '행운이 따른다고 생각하는 사람' 쪽 부류의 많은 사람들이 와이즈먼 박사에게 다가가 돈을 달라고 말했다. 그러나 '운이 없다'는 쪽 사람들은 글을 발견하지 못한 채 사진을 세는 데에만 정신이 팔려 있었다.

와이즈먼 박사는 실험 결과를 이렇게 설명했다.

"운이 없는 사람들은 긴장한 상태였고, 그런 긴장이 행운을 찾아내는 능력을 가로막고 있었다."

와이즈먼 박사는 행운에 관해 두 번째 실험을 진행했다. 두 그룹의 사람들에게 동전을 나누어주었다. 앞면이 많이 나오는 쪽이 이기는 게임이었다. 과연 어떤 결과가 많이 나왔을까? 별 다른 차이가 없었다. 운이 좋다고 믿는 그룹과 그렇지 않은 그룹, 양쪽의 승률이 비슷했던 것이다. 게임을 여러 번 다시 했지만 결과는 같았다.

와이즈먼 박사는 실험이 끝난 뒤 이렇게 말했다.

"행운은 같은 상황일 경우 모두에게 빼놓지 않고 기회를 준다."

와이즈먼 박사의 실험을 통해 행운은 '나는 행운이 따르는 사람이다.'라고 믿는 사람의 편이라는 것을 알 수 있다. 사실 사람들 가운데 "나는 운이 없어."라고 불평하는 사람이 있다. 이들은 스스로 "나는 재수 없는 사람이야."라고 선언하는 것과 같다는 것을 알지 못한다. 이런 부정적인 생각은 나쁜 결과만 끌어당길 뿐이다. 왜 그럴까? 처음부터 자신은 '운이 따르지 않는 사람'이라고 선을 그었기 때문에 최선의 노력을 기울이지 않기 때문이다.

공부를 잘하고 싶다면 '잘할 수 있다'는 긍정적인 생각으로 공부에 몰입해야 한다. 물론 처음에는 책상에 앉아 공부한다고 해서 금세 성적이 오르지 않는다. 그러나 시간이 더해지면서 '공부'와 '성적'이라는 단어만 떠올려도 주눅이 들던 자신에게 공부에 대한 자신감이 생겨났음을 느끼게 된다. 성적 향상은 그때부터 시작된다. 그래서 공신들은 "성적을 올리고 싶다면 공부와 친해져라." 하고 조언하는 것이다. 공부에 두려움을 느끼는 사람은 절대 편안한 마음으로 공부에 몰입할 수 없기 때문이다.

공부는 다른 누군가를 위해서 하는 것이 아니다. 오로지 나를 위해서 하는 것이다. 따라서 힘들어도, 뜻대로 성적이 오르지 않아도 묵묵히 공부하길 바란다. 그리고 마지막으로 '기도가 아니라 공부할 때 성적이 향상된다'는 사실을 기억하라.

02 '니들은 좋겠다,
무슨 걱정이 있겠느냐'에 담긴 속성

"지금 공부 안 하면 나중에 손발이 고생이다."

"공부에는 때가 있다. 지금 마음껏 공부할 수 있을 때 열심히 공부해라."

"나중에 대접받고 살고 싶으면 죽어라 공부해라."

여러분은 하루에도 몇 번씩 부모님으로부터 공부하라는 잔소리를 듣는다. 잔소리가 귀에 딱지가 앉도록 듣다 보면 은근히 반발심 같은 것이 생기게 된다.

"엄마 아빠도 학교 다닐 때 공부 못했으면서….'

"나중에 손이 고생하든 발이 고생하든 내 인생인데, 왜 참견이야!"

대부분의 10대는 부모님의 말씀을 잔소리로 여기게 된다. 안 그래도 공부가 힘든데 부모님의 잔소리까지 더해져 공부와 담을 쌓고 싶은 심정마저 든다. 그런데 부모님의 잔소리에도 일리가 있다. 부모님은 여러분보다 인생을 수십 년을 먼저 살면서 온갖 시련과 역경을 겪으신 분들이다. 그래서 어떻게 하면 인생을 좀 더 풍요롭고 편하게 살 수 있는지 잘 알고 있다. 따라서 부모님의 잔소리는 여러분을 못살게 굴기 위해 하는 것이 아닌 인생의 교훈인 것이다.

중학교 시절, 사회를 가르치던 선생님께서 하셨던 말씀이 떠오른다.

"니들은 좋겠다, 무슨 걱정이 있겠느냐?"

당시 나는 선생님의 말씀이 무슨 뜻인지 알지 못했다. 오히려 잘 이해가 가지 않는 말씀을 하시는 선생님이 더 부러웠던 기억이 난다. 하기 싫은 공부를 안 해도 되는 어른인 데다 교사라는 번듯한 직장을 가진 선생님이 마냥 부러웠기 때문이다.

그러나 이제는 안다. '니들은 좋겠다, 무슨 걱정이 있겠느냐?'에 담겨 있는 속성이 무엇인지. 선생님의 말씀에는 생계를 비롯해 온갖 걱정을 하지 않고 마음껏 공부할 수 있는 10대 시절이 더없이 행복한 때라는 뜻이 담겨 있다. 또한 '나도 너희들처럼 다시 10대 시절로 돌아갈 수만 있다면 더 열심히 공부해서 내가 원하는 인생을 창조할 수 있을 텐데.'라는 뜻도 곁들여져 있다.

10대 시절이 얼마나 행복한 시절인지 본인들은 잘 알지 못한다. 그러나 대학을 졸업하고 직장인이 되었을 때 하루하루 일에 치이고 각종 공과금에 짓눌릴 때 뼈저리게 느끼게 된다. 그 시절이 얼마나 행복한지, 공부 하나로 얼마든지 인생 역전할 수 있는 10대 시절의 소중함에 대해 깨닫게 된다.

공신은 "열심히 공부해라." 하는 부모님의 잔소리를 인생 선배의 교훈이나 조언으로 받아들인다. 그래서 때로 공부가 힘들게 생각될 때 부모님의 잔소리를 회초리 삼아 공부하는 것이다.

독하게 공부해 서울대학교 경제학과에 입학한 정슬기 씨는 습관을 유지하기 위해 엄청난 노력을 했다고 말했다. '공부하는 데 방해가 될 수 있는 요소들은 과감하게 제거하는 게 필요하다.'라면서 인터넷이나 휴대폰을 정지시켰다.

그녀처럼 누구든 마음먹고 노력한다면 충분히 공부를 잘할 수 있다. 독한 마음으로 공부를 하지 않기 때문에 자신만의 공부법을 찾지 못하는 것이다. 그 결과 성적은 항상 제자리걸음이다.

오피스 도우미 로봇인 '로미', 감성 이식 표현이 가능한 코알라 모양의 '코비', 다양한 얼굴 표정이 가능한 '포미' 등의 로봇을 개발한 조영조 박사. 그는 지금과 같은 인생을 살 수 있었던 것은 학창 시절 공부를 포기하지 않았기 때문이라고 말한다.

"누구나 세상을 살아가며 목표를 향해 끊임없이 성장합니다. 정체하거나 퇴보하는 사람은 인생의 낙오자가 되겠지요. 사람이 성공하려면 공부가 바탕이 돼야 합니다. 공부는 사람이 일생을 낙오 없이 살아가는 데 가장 필수적인 도구입니다. 도전하는 일을 기피하고 두려워한다면, 또 학창 시절에 공부하는 일을 포기한다면 성장이 지체될 수밖에 없어요."

조영조 박사는 학창 시절의 공부가 훗날 성공하는 인생의 밑바탕이 된다고 조언한다. 공부와 담쌓고는 절대 자신의 꿈을 펼칠 수가 없다는 말이다.

"어린 시절, 공부 잘하는 친구들이 사회에서 성공할 것이라고 생각했는데, 고교 졸업 후 20여 년이 지나서 친구들의 모습을 보니, 성공이 공부와 무관하다는 것을 알게 되었습니다. 물론, 공부를 잘한 친구들은 의사나 법관, 대학교수, 과학자가 되긴 했습니다. 하지만 사업은 IQ(지능지수)보다 EQ(감성지수)가 높은 친구들이 더 성공하더군요. EQ가 높다는 것은 사람과의 관계에서 친절과 열정, 희생정신, 사교성, 성실함 등이 있는 것이라고 생각합니다. 물론 어느 정도 공부가 뒷받침되지 않는다면 무용지물이겠지만, 공부가 전부는 아닙니다. 어린 시절 EQ는 대부분 공부를 통해 발휘되니까, 공부를 잘하는 친구가 EQ를 계발한다면 가장 성공적인 삶을 누릴 수 있을 것입니다."

– 김태완, 『공부, 피할 수 없다면 즐겨라』 중에서 재인용

조영조 박사의 말대로 학창 시절 공부를 소홀히 하고서도 성공하는 사람들도 있다. 하지만 이런 사람은 극히 드물다. 뿐만 아니라 사업 쪽의 분야가 아니면 절대 성공할 수 없다. 그런데 공부를 잘하는 사람이 사업을 한다면? 더욱 잘하게 될 것이다. 조영조 박사의 말대로 어린 시절 EQ는 대부분 공부를 통해 발휘되기 때문이다. '공부를 잘하는 친구가 EQ를 계발한다면 가장 성공적인 삶을 누릴 수 있다.'라는 조영조 박사의 말을 기억해야 한다.

여러분은 10대 시절을 벗어나기 전까지는 수없이 부모님으로부터 공부에 대한 잔소리를 듣게 될 것이다. 이제부터 부모님의 잔소리를 따뜻한 관심과 인생의 조언으로 받아들이길 바란다. 지금 하는 공부가 여러분의 꿈을 꽃피우게 해줄 눈부신 태양이 될 테니까.

03 서울대 가는 학생들은 이렇게 공부한다

서점에 가보면 서울대에 합격한 공부법에 관한 책들이 쏟아져 나온다. 그런데 연세대, 고려대도 아닌 유독 서울대에 집중되어 있는 까닭은 무엇일까? 그 이유는 서울대가 한국 최고의 대학 브랜드이기 때문이다. 따라서 서울대에 들어가는 것만으로도 사회 주류층으로 갈 수 있는 발판을 마련한 셈이 된다.

그래서 나는 학생들에게 명문대, 특히 서울대를 가야 한다고 말한다. 내가 생각하는 서울대에 가야 하는 네 가지 이유는 다음과 같다.

1. 서울대라는 차별화된 브랜드

미국은 공대는 MIT, 법학은 하버드 등 학과에 따라서 일류대가 나뉘어져 있다. 그러나 우리나라의 현실은 그렇지 않다. 서울대에서 가장 비인기 학과의 합격점수가 연세대나 고려대의 가장 인기 있는 학과의 합격점수보다 높은 경우가 많다. 이는 학과를 불문하고 서울대가 대한민국에서는 유일한 최고의 대학이라는 것을 말해준다.

2. 실력만 있으면 누구에게나 문이 열려있다

미국의 명문 대학에는 기여 입학제도가 있다. 부모가 대학에 기여를 한 바가 있으면 쉽게 자녀를 입학시킬 수 있다. 그러나 서울대는 그렇지 않다. 즉 대통령의 자식도, 국회의원, 장차관의 아들도 실력이 되어야만 입학이 가능하다. 오로지 실력이 있는 사람만 들어갈 수 있다.

3. 최고의 브랜드, 저렴한 등록금

서울대는 국민의 세금을 가지고 운영되는 국립대다. 쉽게 말해 사립대학의 등록금이나 입학금의 절반 정도만 내고 다닐 수 있을 뿐만 아니라 집이 가난한 학생은 대부분 장학금으로 학교를 다닐 수 있다. 기숙사 시설이 잘 갖추어져 있어 지방 학생들은 저렴한 가격으로 기숙사를 이용할 수 있다.

4. 장밋빛 미래 보장이 된다

아무리 경기가 어렵더라도 서울대를 졸업한 학생은 원하는 회사에 취업하는 경우가 대부분이다. 따라서 대학 생활을 하는 동안 취업 전쟁에 스트레스를 받을 필요가 없다. 이것 하나만으로도 즐겁게 대학 생활을 보낼 수 있다.

사실 누구나 서울대에 들어가고 싶어 한다. 그렇다면 어떻게 공부해야 서울대에 들어갈 수 있을까? 이런 물음이 생긴다. 세상의 모든 문제에는 그에 맞는 해답이 있기 마련이다. 나는 서울대에 합격한 공신들에게서 그 비결을 찾았다.

육지후 씨는 민사고를 자퇴한 후, 검정고시(서울시 전체 2등) 합격, 다음 해 수능에서 전국 차석을 차지했다. 그리고 그해 서울대학교 의예과에 합격하는 기쁨을 안았다.

그는 학생들에게 다음과 같이 조언한다.

첫째, 아침은 반드시 챙겨 먹는다

아침을 먹으면 두뇌활동이 활발해진다. 최근 연구결과에 따르면 매일 아침 식사를 하는 학생들의 평균 수능 성적이 아침을 거르는 학생들보다 20점가량 높았다. 아침을 거르면 포도당 부족으로 두뇌 활동이 느려져 집중력, 기억력, 논리적 사고력, 문제 해결능력 같은 학습 능력이 저하된다.

아침을 먹으면 좋은 또 다른 점은 아침이 집에서 먹는 유일한 식사라는 것과 밖에서 먹는 밥보다 음식 재료의 질이나 영양, 신선도 면에서 월등하다는 것이다.

둘째, 반드시 시간 계획을 세워서 공부한다

육지후 공신은 학창 시절에 시간 계획을 세워서 공부했다. 스스로 계획을 세우면 그것에 맞추기 위해 자신을 채찍질하게 되기 때문이다.

일부러 쫓기듯 계획을 짜서 생활하면 약간의 긴장감이 조성되어 딴 생각이 들지 않는다.

셋째, 규칙적인 생활을 한다

규칙적인 생활을 하게 되면 한결같이 자신만의 리듬을 유지할 수 있다. 또한 규칙적인 생활을 하면 어느 시간대에 공부가 더 잘되는지 자신의 생체 리듬을 알 수 있어 효과적인 공부가 가능하다. 물론 하루아침에 규칙적인 생활을 하는 것은 힘들다. 그렇더라도 한 달만 지속하면 어느새 규칙적으로 공부하는 습관이 몸에 배게 된다.

넷째, 학교-학원-집, 동선을 줄인다

학교와 학원, 집의 동선을 간단히 하면 이동하는 시간을 줄일 수 있다. 또한 공부를 방해하는 것들에 한눈을 파는 시간이 줄어들기 때문에 그만큼 공부하는 시간이 늘어나게 된다.

서울대학교 인문대학 인문계열에 장학생으로 입학한 유상근 씨의 학창 시절 공부법은 어떨까?

첫째, 자신만의 공부 스타일과 방법을 찾는다

자신만의 공부 스타일을 찾기 위해선 먼저 다른 친구들의 공부법을 눈여겨보는 것이 중요하다. 다른 친구들이 효과적으로 활용하는 공부법을 자신에게 적용해보면서 자신만의 공부법을 찾기 위해 노력해야 한다. 물론 그 과정에서 많은 시행착오도 겪게 된다. 하지만 자신의 장점을 살리고 단점을 극복하는 공부법을 찾는다면 훨씬 효율적으로 공부할 수 있다.

둘째, 단어장, 오답 노트, 암기 노트를 가까이 한다

항상 가방이나 주머니에 공부할 자료를 가지고 다닌다. 단어장, 오답 노트, 암기 노트를 가지고 다니면서 복습에 활용하면 공부에 많은 도움이 된다.

셋째, 마인드 컨트롤을 한다

공부는 외롭고 힘든 작업이다. 그래서 때로 '내가 정한 목표를 실현할 수 있을까?' 하는 의문이 들기도 한다. 이때 마음이 흔들리기 시작하면 걷잡을 수 없이 추락하게 된다. 유상근 공신은 이런 순간에 '나는 잘할 수 있어!'라는 긍정적인 생각으로 마인드 컨트롤을 했다. 또 자신이 목표로 하는 대학에 들어간 모습을 상상하면서 공부에 대한 동기를 유발했다.

넷째, 친구들과 선생님과의 좋은 관계를 유지한다

친구들과 선생님과의 사이가 나쁘면 학교생활이 즐겁지 못하다. 또한 그만큼 좋은 정보도 얻을 수 없게 된다. 학교에서 보내는 시간이 많은 만큼 친구들과 선생님과의 관계가 원만해야 학교생활이 즐거울 뿐 아니라 공부에 집중할 수 있다.

다섯째, 직접 필기를 하고 오답 노트도 직접 만든다

반드시 노트 필기는 직접 해야 한다. 필기를 하는 과정에서 지식과 정보가 머릿속에 기억되기 때문이다. 그리고 오답 노트 역시 자신이 만드는 것이 좋다. 그리고 중요한 것은 꼭 짚고 넘어가고 틀린 것은 완벽하게 내 것으로 만들어야 한다.

여섯째, 많은 질문을 한다

선생님이 주입시켜 주는 지식보다 스스로 질문을 해서 알게 되는 지식이 머릿속에 오래 각인된다. 공신들은 수업 시간에 모르는 것이 있으면 지체 없이 손을 들어 질문한다.

공신들의 학창 시절 공부법에 대해 알아보았다. 이제 남은 것은 여러분이 스스로 독한 마음으로 공부하는 것뿐이다. 그 누구도 여러분의 공부를 대신해줄 수 없으니까.

마지막으로 공부를 하게 만드는 힘, 즉 공부에 대한 동기부여를 확실히 할 것을 주문하고 싶다. 공신들은 모두 공부 동기부여의 달인들이다. 공부에 대한 의욕이 떨어지면 분명한 목표를 떠올리며 스스로 공부에 대한 의욕을 불러일으킨다.

올해 서울대 법학과에 합격한 한 공신의 말을 들어보자.

"공부를 잘하려면 동기부여를 확실히 해야 한다. 동기부여를 확실히 하기 위해선 분명한 목표를 가져야 한다. 사실 대부분의 학생들의 성적이 저조한 것은 목표가 분명하지 않기 때문이다. 목표가 분명하지 않기 때문에 공부에 대한 의욕이 생기지 않는 것이다."

04 '혹' 하다 '훅' 간다

그동안 인생을 살아오면서 깨달은 점이 있다면 가장 중요하고 소중한 시기는 찰나처럼 지나가버린다는 사실이다. 그리고 그 당시는 그 시기가 얼마나 중요하고 소중한지 알지 못한다.

지금 여러분이 보내고 있는 10대 시절은 인생에서 황금기와 같다. 지금 여러분의 피부에 와닿지 않겠지만 지금 고속열차 같은 속도로 지나고 있다. 적어도 내 눈에는 그렇게 보인다.

한창 공부해야 할 때 놀 거 다 놀고 잘 거 다 잔다면 머지않아 후회하게 된다. 분명 여러분 가운데 열에 아홉은 수능시험을 코앞에 두고 '내가 왜 그랬을까?' 하고 자책하게 된다. 어떻게 아느냐고? 매해 그런 친구들을 수없이 봐왔기 때문이다.

"사람은 금전을 시간보다 중히 여기지만, 그로 인해 잃어버린 시간은 금전으로는 살 수 없다."라는 유태 격언이 있다. 쉽게 말해 '혹 하다 훅 간다'는 말이다. 무한정 계속될 것 같은 10대 시절은 눈 깜짝할 사이에 흘러간다. 베스트셀러 『공부의 신』 저자이자 공신닷컴을 만든 공신의 리더 강성태 씨 역시 학창 시절 이 진리를 뼈저리게 느낀 주인공이다. 서울대를 나온 공신이지만 그 역시 과거에는 공신과 거리가 멀었다. 그렇다면 그에게는 어떤 시련이 있었던 걸까?

그는 열등감에 시달리며 다니던 중학교를 졸업하고 백석고에 합격했다. 당시로서는 최고의 고등학교 입학에 성공했다고 생각한 그는 '이제 합격했으니 신나게 놀아야겠다'는 생각으로 놀고 자고, 이런 패턴을 반복했다.

컴퓨터 게임에 빠졌는가 하면, 책상에 만화책을 수북이 쌓아두고 읽었다. 그러다 보니 좋은 시력도 안경을 써야 할 정도로 나빠졌다. 시간이 흐를수록 성적은 곤두박질치기 시작했다. 그 결과 고등학교 첫 시험 때 전교 350명 가운데 330등이었다. 그때 그는 눈앞이 캄캄했다. 자신이 얼마나 바보처럼 굴었는지 그제야 깨달았다.

그는 당시를 이렇게 회상했다.

'못난 놈. 고작 고등학교 합격을 대학교 합격처럼 생각하다니.'

그는 지금껏 가졌던 이미지에서 벗어나기 위해 반장선거에 나갔다. 친구들에게 친절하게 대해준 덕분에 반장으로 선출될 수 있었다. 그는 선도부활동을 하다 선도부장으로 당선되었는가 하면, 학생회 일을 하면서 요리 동아리에서 활동하기도 했다. 나름대로 최선을 다해 학교

활동에 임했다.

그러던 어느 날 야간자습 시간에 선생님이 그를 불렀다. 선생님은 어두운 표정으로 말했다.

"성태야, 너는 반장인데 성적은 거의 바닥이다. 어머니께 말씀드려 과외라도 받아보는 것이 좋겠다."

선생님의 말씀에 그는 자극이 되어 수업시간에는 절대 졸지 않았다. 심지어 친구들이 떠들거나 졸기라도 하면 공부하자고 깨우며 독려했다. 하루는 아침 보충수업 시간에 축농증 수술을 받고 학교에 와서 곧장 수업에 임했다. 친구들은 하나같이 그를 보며 "미련한 놈!"이라며 놀렸지만 그는 수술을 핑계로 쉬기보다 공부를 선택한 자신이 대견스러웠다.

고등학교 3학년을 코앞에 둔 겨울, 그는 선배들의 수능시험을 응원하러 갔다. 그런데 대부분의 선배가 긴장한 표정으로 나타났다. 한 선배는 차마 교문을 넘어서지 못하고 그저 한숨만 푹푹 쉬고 있었다. 단어장을 한 손에 들고 외우며 서둘러 들어가는 선배도 있었다. 그런 선배들의 모습을 본 그는 절망적이었다. 선배들의 참담한 심정이 자신에게 고스란히 전해지는 것 같았다.

그 순간 그는 이런 의문이 들었다.

'그동안 노는 데만 정신이 팔렸었는데 나도 저러지 않을까?'

그는 걱정과 고민에 빠졌다. 시간이 지나도 이런 걱정과 고민은 해소되지 않았다.

수능 시험장에 다녀온 후 그동안 공부를 소홀히 했던 자신이 너무나 한심스러웠다. 자신보다 공부를 잘하는 친구를 보며 '나는 왜 머리가 나쁠까?', '같은 돈 내고 똑같은 급식을 먹는데 왜 다를까?' 하는 의문만 들 뿐이었다. 그는 고등학교에 합격했다고 들떠서 빈둥빈둥 놀았던 것을 뼈저리게 후회했다.

'학원에서 내주던 숙제만 제대로 했다면….'

학생회에서 축제준비 한다는 핑계로 모의고사를 보지 않은 자신이 바보처럼 느껴졌다. 그러나 계속 지나간 시간만 한탄하며 보낼 순 없었다. 시간은 고작 1년밖에 남지 않았지만 그때부터라도 치열하게 공부하기로 결심했다. 그는 먼저 철제 필통 안쪽에 다음과 같은 문구를 써 붙였다.

'나는 공부하는 기계다.'

평소 유혹에 약하고 끈기가 부족한 스스로를 위해 적어 놓은 암시문이었다. 하루에도 몇 번씩 이 문구를 보며 그저 딴생각 없이 공부에만 몰입하는 기계가 되자고 다짐했다. 그러나 결심했다고 해서 공부가 잘 될 리 만무했다. 친구들과 이야기도 하고 싶고, 컴퓨터 게임이 생각났고, 읽다가 만 만화책의 뒷이야기들이 궁금했다. 하지만 그는 자신의 미래를 위해 참고 또 참았다.

그는 컴퓨터 게임이 생각이 나면 연습장에 영어단어를 마구 써내려 갔다. 그렇게 손과 팔을 지치게 함으로써 게임 생각으로부터 벗어날 수 있었다. 그는 공부를 잘하고 싶다면 공부를 방해하는 요소들을 과 감히 포기할 수 있어야 한다고 말한다.

"공부, 잘하고 싶다면 성적을 올리고 싶은 만큼 무언가를 포기해야 한다. 그것은 게임일 수도, 핸드폰일 수도, 연애일 수도 있다. 내가 포 기해야 했던 것은 게임, 말, 잡념이었다. 잠도 못 줄이겠고, 체력도 약 했기 때문에 다른 부분을 많이 포기했다."

시간이 지나면서 그는 어느새 공붓벌레가 되어 있었다. 하지만 공부 를 잘하는 친구들과는 상당히 수준 차이가 있었다. '쟤들은 어떻게 공 부하기에 공부를 잘하는 걸까?' 이내 그는 그 친구들과 자신의 차이점 을 찾을 수 있었다. 그들은 오래전부터 꾸준히 공부를 해왔기에 내공 이 축적되어 있었고, 자신은 그렇지 않다는 사실이었다.

고민 끝에 그는 공부 잘하는 친구들을 따라잡기 위한 묘안을 생각해 냈다. 중요한 내용이나 잘 외워지지 않는 부분을 메모해 뒷주머니에 넣고 틈틈이 들여다보면서 완전히 이해하는 것이다. 이런 공부 방법은 처음에는 불편했지만 차츰 익숙해졌다.

고3 첫 아침 조회 때 고3 주임 선생님이 이렇게 말했다.

"여러분, 아무리 열심히 공부해도 죽지 않습니다. 죽을까봐 공부 못합니까? 우리도 한번 공부하다 쓰러져 봅시다. 1318, 2080이란 말이 있죠? 어디도 19세인 여러분을 끼워주지 않습니다. 일단 그냥 공부만 해봅시다."

그때 주임 선생님의 말씀이 가슴에 확 꽂혔다. 그는 선생님의 말씀대로 죽을 각오로 공부해보기로 마음먹었다. 그동안 다녔던 종합학원을 그만두었다. 학원에 왔다 갔다 하는 시간과 체력이 아까웠기 때문이다. 그 대신 자습시간 한 시간을 학원 강의보다 더 효율적으로 활용했다. 야자시간에는 그 어떤 것들로부터 방해받지 않기 위해 귀마개를 하고 공부했다. 그렇게 독하게 공부한 끝에 그는 서울대 기계항공공학부에 들어갈 수 있었다.

그동안 그는 학생들로부터 수천 번 '공부 잘하는 비결'에 대한 질문을 받았다. 그때마다 그는 이렇게 답했다.

"지금부터 정신 차리고 일찍 시작하는 것이 최고의 공부 방법이다."

공신 강성태 씨는 학생들에게 이렇게 조언한다.

"공부를 잘하는 데는 많은 것이 필요하지 않다. 지금까지 머릿속에 꽉 들어찬 잡생각들은 모두 접어두도록 하자. 하나하나 신경 쓰다 보면 정작 공부할 시간은 없다. 책상에 앉아 가장 공부하기 힘들었던 과목부터 펼쳐라. 이해가 안 되면 열 번, 스무 번 계속 읽어보라. 지겹고 힘들어도 참고 견뎌야 한다. 책을 읽으면서 왜 이 부분이 어려운지에 대해 생각해보라. 앞 단원에 대한 이해가 부족하기 때문에 그럴 수도 있다. 그렇다면 앞 단원 공부를 먼저 하자. 그래도 이해가 되지 않는다면 선생님께 질문해서 반드시 나의 것으로 만들어야 한다."

학창 시절 독하게 공부한 친구들은 세상의 주인공으로 화려하게 스포트라이트를 받게 된다. 그때 학창 시절 공부를 등한시한 친구들은 어디에서 어떤 모습을 하고 있을까? 지금 사력을 다해 공부하지 않으면 쭉정이 같은 미래가 펼쳐진다는 점을 반드시 기억하라.

05 불안하니까 막막하니까
나는 공부한다

학생들을 두 부류로 나눌 수 있다. 미래가 불안하고 막막해서 열심히 공부하는 학생과 불안하고 막막하다는 이유로 탱자탱자 노는 학생이다. 전자는 공신 쪽에 가깝고 후자는 열등생에 가깝다. 중요한 것은 이 두 부류의 간극이 몇 년 후 다니게 될 대학 간판에 따라 크게 벌어진다는 사실이다.

오쿠다 히데오의 소설 『꿈의 도시』에 보면 학원 수업 시간 전에 젊은 강사가 이렇게 말한다.

"아직 뚜렷한 방향이 정해지지 않은 사람이라면 우선 이름 있는 대학에 들어가는 게 좋아. 상위권 대학에 들어간다는 건 앞으로 선택의 범위가 넓어진다는 뜻이야."

그리고 노인들을 대상으로 사기 세일즈를 하는 전직 폭주족 출신 시바타 사장이 직원들에게 이렇게 독려하는 장면도 나온다.

"결국 우리처럼 학교에서 낙오한 인간들은 말이다. 돈 왕창 벌어서 자신을 증명하는 수밖에 없어. 일류 기업에 들어갈 수도 없고, 이제 새삼스럽게 연예인이나 레이서가 될 수도 없잖아. 어떤 집에서 사느냐, 어떤 차를 타느냐, 자식새끼에게 어떤 옷을 입히느냐. 그런 걸로 치고 올라가지 않으면 아무도 우릴 상대해주지 않아. 무조건 빅이 되어야 해. B, I, G, 빅."

앞에 나온 젊은 강사의 말이 틀렸다고 생각하는 사람은 거의 없을 것이다. 아직 꿈이 정해지지 않은 사람은 가능한 한 명문대에 들어가는 것이 인생을 사는 데 유리하다. 예를 들어 서울대에 들어가게 되면 꼴찌를 하더라도 일류기업에 들어가기가 삼류대에서 수석 졸업한 대학생보다 훨씬 유리하다. 서울대라는 간판 때문이다.

"학교에서 낙오한 인간들은 돈 왕창 벌어서 자신을 증명하는 수밖에 없다."라는 시바타 사장의 말 또한 일리가 있다. 학창 시절을 함부로 보냈다는 것은 성적이 저조해 대학에 들어가지 못했거나 삼류 대학을 나왔다는 말과 일맥상통한다. 사실 이런 사람이 성공할 수 있는 방법은 별로 없다. 가장 쉬운 것이 자기 사업이나 세일즈를 하는 것이다.

자, 그래서 어른들이 학창 시절에 공부 열심히 하라는 것이다. 공부를 등한시하다가는 시바타 같은 사장 밑에서 인간 대접 못 받고 죽어라고 일만 하게 될지도 모른다.

아직 아무것도 정해지지 않은 탓에 지금 여러분은 미래를 생각하면 불안하고 막막하게 마련이다. 이런 생각이 드는 것이 정상이다. 나는 미래에 대한 불안을 공부에 대한 동기로 활용하라고 조언하고 싶다. 쉽게 말해 '나는 미래가 불안하고 막막하니까 공부해야 돼!', '내가 기대고 믿을 건 공부밖에 없어!' 이런 심정으로 온 힘을 다해 공부하라는 말이다.

그러나 굳은 결심으로 공부를 해도 며칠 못 가서 마음이 느슨해지는 이유는 무엇일까? 결심이 작심삼일이 되는 이유를 '여러가지문제연구소' 김정운 소장은 2010년 12월 15일자 〈한겨레〉에 '제발 나 자신과 싸우지 말라!'는 칼럼에서 다음과 같이 설명했다.

"결심의 내용이 잘못된 적은 한 번도 없다. 담배를 끊는다, 영어공부를 시작한다, 술을 끊겠다, 조깅을 하겠다 등등. 모두 밝은 미래를 위한 결심이었다. 그런데 왜 새해의 그 웅대한 결심을 한번도 제대로 실행한 적이 없을까? … 불안해서 그렇다. 불안할수록 우리는 적을 분명히 하려고 한다. 싸워 이겨야 할 대상이 분명해야 마음이 놓이기 때문이다. 몸이 아파 건강검진을 받았는데, 아무 이상 없이 멀쩡한 결과가 나오면 더 불안해지는 것과 마찬가지다. 불안하면 자꾸 짜증 내며, 주위 사람을 괴롭히는 것도 같은 원리다. 자신이 불안한 내면의 원인이 분명치 않으니, 외부에서 그 원인을 찾아 정당화하려는 것이다."

김정운 소장은 절대 자신과 싸워 이기려고 하지 말라고 조언한다. 나 자신은 싸워 이겨야 할 적이 절대 아니라는 것이다. 그 대신 조곤조곤 이야기하며 설득하라고 말한다. 사실 공신들은 어떤 유혹이나 선택의 기로에 서면 자신을 잘 설득한다. 예를 들어 공부를 하려고 책상에 앉았는데 갑자기 게임이 하고 싶어지면 이렇게 설득한다.

'게임은 나중에라도 할 수 있지만 공부는 나중에 할 수 없어!'
'게임은 하고 나면 허무하지만 공부는 하고 나면 뿌듯해!'

그리고 책을 펼친다. 반면에 비공신은 어떨까?

'공부 때문에 게임도 못하고 정말 짜증나네!'
'게임부터 하고 공부는 이따가 하지 뭐!'

이런 식이다. 이것이 공신과 비공신의 차이점이다. 때로 공부보다 덜 중요한 것에 마음이 갈 때는 자신을 잘 설득해야 한다. 왜 공부를 해야 하는지, 합리적으로 생각하면 마음이 공부 쪽으로 기울게 된다.

『공부가 가장 쉬웠어요』의 저자 장승수 변호사. 그는 지독하게 가난한 탓에 꿈도 없이 학창 시절을 보내야 했다. 대학은 처음부터 포기한 채 또래들과 싸움질을 하거나 오토바이 폭주를 일삼으며 10대 시절을 보냈다. 그랬던 그가 공부에 목숨을 걸었고 지금은 주류 사회에서 활동하고 있다. 그의 저서의 약력에 보면 이렇게 소개되어 있다. 약력만 보더라도 그가 얼마나 힘든 10대 시절을 보냈는지 잘 알 수 있다.

'1971년 경북 왜관 출생하여 1990년 대구 경신고등학교 졸업하였다. 어려운 가정형편 때문에 대학은 일찌감치 포기하고 술집으로 당구장으로 돌아다니며 싸움꾼 고교시절을 보냈다. 싸움도 술도 오토바이도 다 시시껄렁해지던 스무 살, 공부에 대한 열정이 열병처럼 찾아왔다. 집안의 생계를 책임지는 가장 노릇과 뒤늦게 대학문을 두드리는 늦깎이 수험생 노릇을 함께 했다. 그동안 그는 포크레인 조수, 오락실 홀맨, 가스·물수건 배달, 택시기사, 공사장 막노동꾼 등 여러 개의 직업을 전전했고, 고려대 정치외교학과, 서울대 정치학과 등에 지원했다가 떨어졌다. 작은 키, 왜소한 몸으로 공사판에서 살아남는 것도 힘들었지만, 보통 머리, 낮은 고교성적으로 대학에 들어가는 것도 쉽지 않았다. 스스로의 한계에 부딪히고 얻어터지며 실패를 거듭했지만 그게 끝이라는 생각은 안 해봤다. 일을 해야 할 땐 일에 몰두하고 공부를 할 땐 공부에만 매달렸다.

그러던 1996년 1월, 난생 처음 1등을 하며 서울대 인문계열에 수석 합격했다. 2003년에는 제45회 사법시험에 합격하여 법조인의 길을 걷고 있다.'

공부와 담쌓았던 그가 왜 다시 공부를 선택했던 것일까? 이유는 단하나, 미래가 불안하고 막막했기 때문이다. 고등학교를 졸업한 그는 닥치는 대로 일자리를 얻었다. 그 결과 포크레인 조수와 신문 보급소 총무, 오락실 홀맨, 물수건 배달 등 다양한 직업을 전전하게 되었다. 그런 일들을 하는 사이 어느새 1년이라는 세월이 지나가버렸다.

어느 날 그에게 이런 의문이 들었다.

'힘든 일을 하면서 평생 먹고 살 수 있을까? 지금은 젊어서 괜찮지만 나이 들어서도 할 수 있을까?'

이런 의문이 들자 갑자기 미래가 불안하고 막막했다. 이 불안감은 시간이 지날수록 점점 더 커졌다. 그러다 그는 고등학교 친구를 만나러 고려대학교에 가게 되었다. 그가 술을 마시고 싸움질을 일삼을 때 그 친구는 열심히 공부했고 그 결과 명문대생이 되어 있었다. 고려대학교 교정을 걷는 순간 그는 가슴이 두근거렸고 눈이 커졌다. 화창한 날씨에다 또래 아이들의 젊음이 환상적으로 비춰졌기 때문이다. 그 후로 장승수는 싸움도 술도 오토바이도 모든 것이 다 하찮게 느껴지기 시작했다. 헛되이 보낸 고교시절이 너무나 후회스러웠다. 그는 자신도 그 친구처럼 대학생이 되고 싶었다. 이런 생각과 함께 가슴속에서 뜨거운 열망이 생겨났다.

'그래, 한 번만 더 도전해보자.'

그때부터 그는 눈부신 미래를 향해 도전을 시작했다. 눈물겹도록 힘든 과정이었지만 그는 지독하게 공부했고 그 결과 학창 시절 동안 반장도 해본 적 없던 그가 난생 처음으로 1등을 했다. 그것도 우리나라 최고의 명문 대학 서울대학교에 수석으로 합격한 것이다.

현재 변호사로 활동 중인 장승수는 신출내기 변호사 시절 느낀 소감을 이렇게 말한 적이 있다.

"공부는 쉬웠지만 변호는 어렵더군요."

이 한마디가 가슴에 파고드는 것은 왜일까? 과거 공신이었던 그가 변호사 생활이 더 어려웠다는 말에서 죽을힘을 다해 공부하면 누구나 공부를 잘할 수 있다는 희망을 엿보게 된다.

불안하고 막막하면 방황하지 말고 책상에 앉아 공부하라. 공부하지 않고 고민만 하기 때문에 더 미래가 불안하고 암울한 것이다. 공부는 눈부신 미래를 가리고 있는 불안이라는 안개를 일시에 사라지게 하는 태양과 같다.

마지막으로 소설 『꿈의 도시』에 나오는 하루키라는 고등학생의 대사를 곱씹어보자.

"도쿄대 간 선배가 그러더라. 꼴찌를 해도 일류 기업에 들어갈 수 있대."

06 서울대 합격한 빵집 소녀의 3불 공부법

얼마 전 한 여중생이 나에게 공부에 대한 고민을 담은 메일을 보내왔다. 여러분도 이 학생과 같은 고민을 가지고 있으리라는 생각에 메일을 소개한다.

"『10대에 알았으면 좋았을 것들』을 읽은 한 여중생입니다. 아빠가 이 책을 추천해주셔서 감명 깊게 이 책을 읽었어요. 그리고 김태광 선생님께 제 고민을 털어놓으면 큰 도움이 될 것 같아요. 전 특별한 사람이 되고 싶습니다. 평범한 사람이 아니라 특별한 사람이 되고 싶어요. (좀 더 범위를 좁게 잡으면 공부를 잘 하고 싶습니다.) 이것은 초등학생 때부터 생각했던 것이에요. 특별한 사람이 되려면 그에 따라 노력을 해야 한다는 것. 그 노력 중 하나가 또한 공부란 것을 압니다. 하지만 저는 노력도 안 하고 바라기만 합니다. 자주 마음을 굳힙니다.

'이렇게 놀면 절대로 특별한 사람이 될 수 없어. 적어도 노력은 해야지.'

그러나 마음을 굳혀도 3일 이상 가지 않아 굉장히 마음이 아픕니다. 그리고 공부 때문에 저에 대한 생각을 했는데요. 전 세상에서 제일 좋은 사람은 저라고 생각해요. 하지만 세상에서 제일 한심한 사람도 저라고 생각해요.

저는 제가 한심하게 느껴질 때가 굉장히 많습니다. 이제 중학교 2학년 올라가는데 방학 중에도 방과 후만 하고 거의 텔레비전과 낮잠에 빠져있습니다. (그래도 아주 조금 공부를 해요.) 정말로 고치고 싶고 공부도 열심히 하고 싶습니다. 하지만 어떻게 해야 공부를 지루해하지 않고 할 수 있는지 정말 모르겠어요. 제가 하고 싶은 대로만 하는 저에게 공부에 대한 동기여부를 해주셨으면 합니다."

나는 메일을 읽으면서 공부를 잘하고 싶어 하는 학생의 간절함을 엿볼 수 있었다. 학생은 자신의 본분인 공부를 잘하는 것이야말로 특별한 사람이 된다는 것을 잘 알고 있다. 공부가 자신의 꿈과 미래와 연결되어 있기 때문이다.

나는 여중생에게 이런 답장을 보냈다.
"모든 사람에게 자신의 본분에 최선을 다하는 것만큼 중요한 것은 없습니다. 본분에 최선을 다해 성과를 낼 때 능력을 인정받을 뿐 아니라 자신감도 커지기 때문이지요. 무엇보다 공부는 꿈과 미래와 상관관계가 있기에 조금도 소홀히 해서는 안 됩니다. 지금 누구보다 공부에 대한 중요성과 공부를 잘하고 싶은 간절함이 느껴집니다. 하지만 다른 누군가가 인생을 대신 살아줄 수 없듯이 공부 역시 대신해줄 수 없습니다. 오로지 자신과의 싸움이기 때문입니다.

이런 조언은 해주고 싶습니다.

먼저 학창 시절에 공부를 잘해서 성공하는 인생을 사는 사람들의 성공 스토리가 담겨 있는 책들을 많이 읽으세요. 그다음 열심히 공부해서 명문대에 들어간 사람들의 공부법을 소개하는 책들을 읽으면서 자신만의 공부법을 만들어보세요. 이렇게 한다면 분명 도움이 될 거라고 생각합니다."

사실 내가 그 학생에게 해줄 수 있는 조언은 그리 많지 않다. 공부는 혼자서 하는 외롭고 힘든 일이기 때문이다. 그러나 나는 그 여중생이 지금은 비록 힘들어하지만 잘 극복하여 자신만의 공부법을 찾아낼 거라고 믿는다. 학생의 가슴속에 공부를 잘하고자 하는 열망으로 가득 차 있기 때문이다.

어떤 환경과 상황에 처해 있어도 '잘 할 수 있다'는 긍정적인 사고와

노력하는 자세만 있으면 지금보다 더 공부를 잘할 수 있다. 우리가 알고 있는 많은 공신들은 처음에는 성적이 바닥이었다. 하지만 그들은 자신의 현재 상황을 직시하여 사력을 다해 공부했고 기적 같은 일을 일궈냈다.

지독한 가난에도 불구하고 빵집 아르바이트를 하면서 서울대에 합격한 이진 양. 서울대 간호학과에 합격한 그녀는 "뚜레쥬르에서 일하며 서울대 꿈을 키웠어요."라고 소감을 밝힌 바 있다.

그녀는 자신만의 공부법인 '3불 공부법'으로 성적을 끌어올릴 수 있었다고 말했다.

이진 양은 집안 생활비에 보태기 위해 빵집에서 아르바이트를 하면서도 내내 상위권 성적을 유지했다. 그녀의 어머니는 암과 디스크 등 각종 질환으로 몇 년째 투병중이다. 이에 이 양은 집에 돌아오면 가장 먼저 거동이 불편한 어머니부터 보살피고, 함께 시간을 보냈다. 건강이 좋지 않은 어머니 대신 가장 노릇을 해야 했던 그녀는 지난해 3월부터 주말에 하루 5~8시간씩 뚜레쥬르 매장에서 근무하며 생활비를 보탰다. 그리고 이런 어려움 속에서도 자신만의 '3불 공부법'으로 서울대 간호학과에 합격하는 쾌거를 이루었다.

그녀는 '3불 공부법'을 활용한 덕분에 어머니 간병과 아르바이트로 남들보다 시간이 훨씬 부족했지만 효율적으로 공부할 수 있었다.

그녀를 서울대로 이끈 '3불 공부법'은 다음과 같다.

첫째, 메모장을 들고 다니며 공부하는 '쪽 공부' 비법이다. 시간에 쫓기는 그녀는 '오래 안 한다'는 슬로건으로 자투리 시간을 활용해 공부했다.

둘째, 어렵거나 막히는 문제를 먼저 풀어 심리적 안정감을 선사하는 '쉽게 안 한다' 비법이다.

마지막으로는 학원에 다니는 대신 학교 선생님을 공략하는 '학원에 안 간다' 비법이다.

간단하면서도 누구나 쉽게 벤치마킹할 수 있는 공부법이라는 생각이 든다. 그래서 그녀는 자신을 서울대에 갈 수 있게 만든 일등공신이 '3불 공부법'이라고 자신 있게 말한다.

무엇보다 그녀를 공신으로 만든 것은 1분 1초를 아끼기 위해서 철저하게 계획을 세워가며 공부한 지독한 노력 덕분이다. 아무리 특별한 공부법이 있다고 하더라도 한결같은 마음으로 공부하지 않는다면 아무 소용이 없기 때문이다.

유학 시절의 경험을 담은 『7막 7장』의 저자 홍정욱 씨. 그는 서울 구정중학교 시절에 미국 유학을 떠났다. 케네디 대통령을 멘토 삼아 케네디가 나온 미국 초우트 로즈마리 홀 고등학교와 하버드대 동아시아학과와 스탠퍼드대 법무대학원을 졸업한 그는 지독한 공붓벌레이기도 하다.

고등학교 2학년 때 선생님이 엘리어트의 시 '알프레드 프루프록의 연가'를 외워오면 A학점을 주겠다고 말했다. '알프레드 프루프록의 연가'는 어려운 문체로 기록된 문자 160행이 넘는 장시였다. 선생님은 지금껏 이 시를 다 외워온 학생은 단 한 명뿐이었다는 말도 덧붙였다.

그는 영어만큼은 A학점을 받고 싶은 마음에 닷새 동안 시를 외웠다. 그러고 나서 선생님을 찾아갔다. 당황한 표정을 짓는 선생님 앞에서 그는 줄줄 낭송했다. 그 결과 그는 약속대로 A학점을 받을 수 있었다.

홍정욱 헤럴드미디어 회장은 학창 시절 당시를 이렇게 회상한다.

"사람들마다 나름대로의 공부 습관이 있습니다. 어떤 사람은 암기를 하지 않고 이해만 하려 하고, 또 다른 사람은 무조건 암기만 하려고 해요. 저는 입에서 자연스럽게 흘러나올 정도로 암기를 많이 해야 머릿속에서 이해가 되는 편이었습니다. 다만 대학원에 진학한 뒤 시험 기간에는 공부 습관을 바꾸었습니다. 오후 3시쯤 잠들어 밤 9시에 일어나 밤을 새워 공부했어요. 공부하기 위해 세상과 햇볕에서 멀어졌습니다. 공부엔 집중력이 관건이라는 생각에서였죠. 중학교 때는 공부에 집중하다 보니 나도 모르게 손톱을 물어뜯는 버릇이 생겨 장갑을 끼고 공부를 했던 기억이 납니다."

세상에 안 되는 일은 없다. 안 하니까 못하는 것이다.

이진 양이 빵집에서 아르바이트를 하면서도 서울대에 합격할 수 있었던 것은 지독한 노력 때문이다. 그녀는 자신이 처한 환경을 눈부시고 풍요로운 환경으로 바꾸고 싶었다. 그래서 이 악물고 지독하게 공부할 수 있었던 것이다.

공부, "어렵다.", "힘들다."라고 푸념만 하지 말고 이진 양처럼 지독한 근성으로 해보라. 공부가 꿈꾸는 인생을 여는 열쇠라는 것을 기억하라. 자신이 공부보다 더 강하다는 것을 깨닫기를 바란다.

07 딱 66일만 공부에 미쳐라

세상의 법과 규칙은 학창 시절 공부 잘했던 사람들이 만든다. 그리고 정부기관, 대기업 등 괜찮은 직장의 윗자리 역시 과거 공신들이 대거 자리를 채우고 있다. 그러니 사회의 거의 전반적인 시스템이 공부 잘하는 사람들 위주로 돌아간다. 이는 아무리 부정해도 달라지지 않는다. 따라서 학창 시절 공신 출신이 주류 사회에서 수월하고 안정적인 인생을 살 확률이 높다.

오래전 일본의 공부법에 대한 만화 『드래곤 사쿠라』를 재미있게 본 기억이 난다. 책에 보면 다음과 같은 가슴을 찌르는 비수 같은 말이 나온다.

"기초도 없이 너희들이 무엇을 할 수 있단 말이야. 있는 그대로, 스스로의 힘으로 창조적인 것이 생겨난다고 생각하면 오산이야. 틀에 얽매이지 말라고 지껄이는 녀석은 그저 굼뜬 게으름뱅이일 뿐이야."

"사회의 규칙이라는 것은 모두 머리 좋은 사람들이 만들고 있다. 그렇기 때문에 머리 좋은 사람들에게만 유리하게 만들어져 있다. 이 중에서 자신들에게 불리한 부분은 교묘하게 감추어져 있다. 결국 너희처럼 머리 안 쓰고, 뭐든 귀찮아하면 평생 속으면서 비싼 돈을 내야 한다. 속고 싶지 않으면, 손해 보고 싶지 않으면, 너희들, 공부하란 말이야."

그렇다. 앞서 말했다시피 사회의 규칙은 머리 좋은 사람들, 즉 공신 출신들이 그들에게 유리하게 만들고 있다. 때문에 공부하지 않고 논다면 그들에게 이용만 당하게 된다. 공부를 안 했다는 이유로 그들에게 속고 업신여김을 당하면서 산다면 얼마나 억울한 인생인가. 공부, 힘들어도 해야 한다. 이 악물고 해야 하는 이유가 확실하지 않는가. 그들에게 속지 않고 주류 사회에 진입해 인간답게 살기 위해선 반드시 공부의 끈을 꽉 잡아야 한다.

모든 학생은 공부를 잘하고 싶어 한다. 하지만 소수의 학생만 자신의 목표를 이루는 반면에 다수는 중도에 자포자기하고 만다. 그 이유는 간단하다. 공부가 습관화가 되기도 전에 힘들다는 이유로 포기하기 때문이다. 그렇다면 공부를 습관화하는 데 걸리는 기간은 얼마나 될까? 66일이다. 어떤 일을 66일 동안 계속하면 그것이 습관으로 정착한다고 한다. 이는 과학적으로 밝혀진 연구 결과다. 인생의 황금기인 학창 시절에 66일 동안 공부에 인내하고 집중해서 노력하면 자연스레 공부가 습관화되어 행복한 미래를 맞이할 수 있다는 뜻이 된다.

영국 런던대학의 제인 워들 교수 연구팀은 습관 형성에 대해 알아보기 위해 다음과 같은 실험을 진행했다. 연구팀은 일반인 참가자 96명을 대상으로 12명으로 12주간 같은 상황에서 어떤 음식을 먹고 마시는지, 일상에서 어떤 생활을 하는지 관찰했다. 연구팀은 이들이 같은 행동을 얼마나 반복해야 생각이나 의지 없이 자동적으로 반사행동을 하는지 실험했다. 참가자들에게 점심식사 때 과일 한 조각 먹기, 점심식사 때 물 한 병 마시기, 저녁식사 전에 15분 뛰기 등 건강에 도움이 되는 행동 중 하나를 선택하게 한 뒤 매일 반복 실천하게 했다.

연구팀은 일상생활에서 단순행동이 습관으로 되어가는 과정을 알아보기 위해 실험 기간 동안 매일 대상자들이 습관에 대한 자기보고서를 작성하도록 했다. 실험 결과, 실험에 참여한 대상자들은 평균 66일이 되어서야 어떤 행동이 생각이나 의지 없이 습관으로 자리 잡는다는 것을 알 수 있었다.

실험을 마친 후 제인 워들 교수는 이렇게 말했다.

"개인 차이가 있기는 하지만 66일 동안 매일 같은 행동을 반복하면, 그 뒤에는 이 상황이 주어지면 자동적인 반응으로 행동하게 된다. 습관이 되기까지의 시간을 측정한 연구는 이번이 처음이다."

정신과 전문의이자 뇌과학자 이시형 박사는 제인 워들 교수와는 달리 공부를 습관화하는 데 걸리는 기간이 66일보다 훨씬 짧은 30일이면 충분하다고 말한다. 그의 말에 의하면, 부신 피질의 방어 호르몬이 아무리 하기 싫은 공부도 3일은 참고 견딜 수 있게 해준다는 것이다. 뇌는 새로운 지식을 알게 되는 것에 희열을 느끼기 때문에 3일씩 반복해서 공부하다 보면 공부는 처음처럼 힘들지 않게 된다. 따라서 3일씩 열 번만 반복하면 습관으로 자리 잡는다는 것이다.

　그는 자신의 저서 『공부하는 독종이 살아남는다』에서 이렇게 설명하고 있다.

　"뇌는 뭔가를 달성할 때 즐거움을 느낀다. 이때 우리 뇌는 그 기분 좋은 상태를 유지하기 위해 도파민, 세로토닌 등 쾌락 보수 물질을 방출한다. 뇌가 우리에게 푸짐한 상을 주는 것이다. 이 과정이 반복되면 습관이 된다. 이런 현상을 뇌 과학에서는 강화학습이라고 한다. 공부를 해서 하나를 알면 기분 좋은 보상을 해주고, 그러면 다시 보상을 받기 위해 공부를 더 하게 되는 현상이다. 이 간단한 뇌의 원리를 잘 활용하면 공부를 습관처럼 할 수 있게 된다."

　공신들은 하나같이 의지가 강한 사람들이다. 그래서 대부분 힘겨워하는 공부와 싸워 이기는 것이다. 의지가 강하면 습관화하는 데 많은 도움이 된다. 이는 과학적인 근거가 있다. 부신 피질의 방어 호르몬 때문이다. '공부를 해야지.' 하고 결심을 다지면 부신 피질에서 방어 호르몬이 분비되어 공부에서 오는 압박감과 스트레스를 견뎌내게 해준다. 그래서 이름이 방어 호르몬이다. 그런데 한 가지 문제는 효과가 72시간 정도라는 것이다. 쉽게 말해 사흘이 지나면 효과가 떨어져 버티기가 힘들어진다. 그러므로 이때는 강한 의지로 책상에 앉아 버텨야 한다. 그러다 보면 뇌는 공부에 익숙해지게 되고 몰입하게 된다.

서울대학교 자유전공학부에 다니는 17학번 김한슬 군은 부산 장안고 1학년 때 수학이 6등급이었다. 하지만 그는 공부를 습관화하며 열심히 노력한 끝에 마침내 서울대에 입학할 수 있었다. 그는 습관이란 무의식적인 상태에서도 반응할 수 있을 정도의 것이라고 생각했다.

이를 위해 끝없이 반복하고 또 반복했다. 눈을 뜨고 아침 2시간은 국어 공부, 야간자율 학습 시간은 수학 공부, 기숙사에서는 영어와 사회 공부. 결국엔 생활 속에 공부가 스며드는 정도가 되었다. 공부가 습관이 되기까지는 엄청나게 힘든 시간이었지만 그것을 견디고 나면 정말 귀한 열매를 얻을 수 있게 된다.

누구나 공부를 잘할 수 있다. 단지 공부가 몸에 배는 데 걸리는 기간인 66일 동안 공부에 온전히 몰입할 수 있는지가 관건이다. 그렇게 할 수 있다면 공신으로 가는 배에 올라탔다고 봐도 무리가 없다.

공부는 운명을 바꾸는 마법이다. 지금의 힘든 상황에서 벗어나게 해주는 것도, 내가 바라는 미래를 만들 수 있는 방법도 공부밖에 없다미타 노리후사의『드래곤 사쿠라』에 나오는 다음 말을 기억하라.

"지금 이 상황을 벗어나고 싶을 때는 딱 두 가지 방법밖에 없다. 자신을 높여 한 단계 위의 사회적 환경으로 가느냐, 사회 밑바닥으로 떨어져 보다 비참한 삶을 사느냐."

08 공부 잘하고 싶다면, 먼저 기억력을 향상시켜라

"공부 잘하는 애들 보면 책을 한 번만 읽어도 잘 외우던데 우리 애는 아닌가 봐요. 기억력 좋아지는 방법은 없나요?"

열심히 공부하지만 좀처럼 성적이 오르지 않는 한 중학생의 어머니는 이런 고민을 털어 놓았다. 사실 어머니의 입장에서 보면 학원이다 과외다 자녀의 학습에 열과 성을 쏟는 데 비해 성적이 제자리걸음이니 자녀의 기억력에 문제가 있다고 생각할 수도 있다.

대부분의 부모는 상위권에 속하는 학생들은 기억력을 타고났을 거라고 생각한다. 그러나 이는 잘못된 생각이다. 선천적인 것보다 자신의 노력에 의해 기억력이 향상되는 경우가 많기 때문이다. 나는 학생들에게 공부에 대한 동기부여로 기억력을 향상시킬 수 있다고 말한다. 같은 내용을 암기할 때 억지로 외우는 것과 즐겁게 외우는 것과는 큰 차이가 있다. 뇌는 억지로 시켜서 하는 것보다 자신이 자발적으로 할 때 더 활성화되기 때문이다.

그래서일까, 공신들을 보면 모두 수업시간에 눈빛이 살아 있다. 그들은 절대 수업시간에 딴짓을 하지 않는다. 뚫어져라 선생님을 응시하며 모르는 부분이 있으면 즉각 손을 들어 질문한다. 그리고 선생님의 말씀이 귀에 쏙쏙 박힌다.

공부에 대한 동기가 있는가, 없는가에 따라 기억력은 현저히 달라진다. 예를 들어 수업 시간에 선생님이 지나가는 투로 "이 부분은 외워라."라고 하는 것과 "이 부분 꼭 시험에 나오니까 꼭 외워라."라고 강하게 말하는 것에는 분명한 차이가 있다. 시험에 꼭 나온다는 두 번째 말씀에 학생들은 강한 동기가 유발된다. 그래서 알아서 척척 암기한다. 성적을 높이는 데 도움이 되기 때문이다.

따라서 공부에 대한 강한 동기는 기억력과 깊은 관련성이 있다. 기억력을 향상시키고 싶다면 공부를 할 때 흥미와 동기를 가지고 해야 한다. 그러할 때 뇌는 활성화된다.

기억력에 있어 강한 동기만큼이나 아침 식사도 매우 중요하다. 요즘 아침 식사를 거른 채 등교하는 학생들을 보면 안쓰럽다. 아침 식사는 반드시 챙겨야 한다. 아침 식사를 거르게 되면 학습효율이 떨어지고 졸음이 쏟아지는 등 부작용이 따르기 때문이다.

무엇보다 아침 식사는 기억력과 상관관계가 있다. 최근 아침 식사가 학습능력, 사고력, 집중력 및 대인관계를 향상시켜 준다는 여러 연구 결과들이 소개되었다. 어른의 경우도 아침을 거르면 기억력과 정신적인 업무의 수행능력이 감소한 것으로 나타났다. 실제 아침 식사를 꼬박꼬박 먹은 학생의 수능 평균성적이 그렇지 못한 학생보다 높게 나왔다는 연구조사가 발표된 바 있다.

뇌는 포도당을 주 에너지원으로 이용하는데, 잠자는 동안 음식을 섭취할 수 없기 때문에 아침에 일어나면 반드시 뇌에 포도당을 공급해주어야 한다. 아침 식사를 통해 뇌는 포도당을 공급받아 뇌 활동이 활발해지기 때문이다.

농촌진흥청은 10여 년 전 인터넷 사이트를 통해 대학 1, 2학년 네티즌 3,162명을 대상으로 고등학교 2~3학년 때 아침 식사를 했는지, 대학에 들어올 때 수능성적과 내신등급은 어떠했는지 등에 대한 조사를 진행했다. 그 결과 3,162명 중 매일 아침 식사를 했다고 응답한 1198명의 수능성적은 평균 294점(400점 만점), 1주일에 2일 이하로 아침 식사를 하는 수험생 1,370명의 평균성적 275점보다 20여 점이나 높았다.

아침 식사 횟수가 일주일에 5~6일이라고 응답한 455명의 수능 성적 평균은 284점, 일주일에 3~4번이라고 응답한 수험생 589명의 평균성적은 281점으로 각각 나타났다.

또한 내신등급에 있어서도 매일 아침 식사를 먹은 수험생은 그렇지 못한 학생보다 내신등급이 우수한 것으로 나타났다. 아침 식사가 두뇌 활동에 큰 도움을 주고 있다는 사실은 이미 많은 연구결과를 통해 입증되어 왔다.

캘리포니아 주립대학은 아침 식사가 정신에 미치는 영향에 대해서 실험 결과를 발표했다.

"아침 식사는 어른과 아이 모두에게 있어서 지식 습득력, 기억력, 그리고 몸의 성장을 촉진시키는 매우 중요한 역할을 한다."

아침 식사로 인체가 얻을 수 있는 유익함은 한두 가지가 아니다. 그중에서 6가지를 꼽을 수 있다.

1. 효과적인 문제 해결 능력
2. 기억력 향상
3. 언어 능력의 향상
4. 주의집중력 향상
5. 학습 능력 향상
6. 태도와 매너 향상

2000년 미국의 생리심리학자인 에릭 캔들 박사는 바다달팽이 실험을 통해 학습과 기억의 매커니즘에 관한 연구를 발표, 노벨 생리의학상을 수상했다. 바다달팽이의 꼬리에 전기 자극을 주면 바다달팽이의 뇌에서 기억물질이 분비되며 이 횟수를 점차 늘리면 기억물질의 농도가 증가해 어느 순간에는 새로운 신경회로망을 형성하게 된다는 이론이다.

연구 결과를 통해 외부로부터 전달되는 새로운 정보, 즉 학습된 내용이 어떻게 우리 뇌에 기억되는지를 알 수 있다. 반복을 하게 되면 기억에 관한 신경회로망이 형성되고 이것이 바로 기억된다는 것이다. 다시 말해 반복할수록 기억력이 높아진다는 이야기다.

기억에 관한 유명한 실험 중에 에빙하우스의 망각곡선이 있다. 독일의 심리학자 에빙하우스는 숫자를 무작위로 나열한 의미 없는 수열을 외우게 하고 얼마나 기억해낼 수 있는지를 알아보는 실험을 진행했다.

시험 결과 1시간 후 기억의 약 56%가 소실된다는 사실을 알아냈다. 하루 뒤 66%가, 6일 후에는 75%가, 31일 후에는 79%의 기억을 상실했다. 이 실험을 통해 기억은 그대로 방치하면 건전지가 방전되듯이 서서히 상실된다는 것을 알 수 있다.

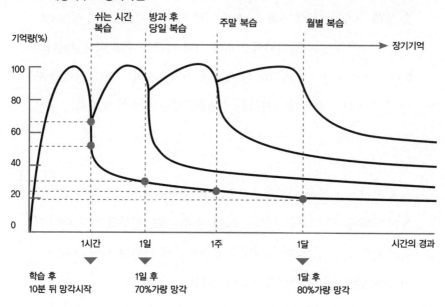

▼ 에빙하우스 망각곡선

그렇다면 기억을 강화하려면 어떻게 해야 할까? 쉽고 간단한 방법이 있다. 먼저 자신이 공부한 것을 1시간 후 복습하고, 6~12시간 이내에 다시 한 번 복습하는 것이다. 마지막으로 24시간 뒤 다시 복습하게 되면 완전히 뇌리에 각인된다. 쉽게 반복할수록 기억력이 향상된다는 말이다. 그래서 공신들은 꾸준히 복습해서 공부한 내용을 자신의 것으로 만드는 것이다.

또 하나 조언하고 싶은 것은 잠자기 30분 전에는 배운 내용을 집중적으로 암기하라는 것이다. 한 연구 결과에 따르면 뇌는 불필요하다고 판단되는 것은 망각하고 필요한 것만 기억하는 습성이 있다. 따라서 뇌 활동이 가장 높은 시간대인 잠자리에 들기 30분 전에 복습한다면 기억력이 높아져 쉽게 오랫동안 기억하게 된다.

"나도 공부 잘하고 싶어."
"어떻게 하면 나도 전교 1등을 할 수 있을까?"

더 이상 이런 고민하며 허송세월해선 안 된다. 전교 1등을 하는 비결은 간단하다. 먼저 기억의 달인이 되는 것이다. 기억의 달인이 된다는 것은 오늘 배운 것을 완전히 내 것으로 소화한다는 뜻이다.

배운 내용을 끊임없이 반복해서 복습하라. 이를 실천하지 않고서 기억력을 높일 수도, 공신이 될 수도 없음을 잊지 말자.

09 그동안 몰랐던 공부의 재미를 찾아라

공신과 비공신은 공부를 대하는 태도가 상반된다.

공신

"이 문제를 풀고 나니 정말 뿌듯해."

"벌써 시간이 이렇게 됐나? 아직 공부할 게 많은데…"

"공부가 가장 쉽고 재밌어."

비공신

"이 문제는 누가 만든 거야? 정말 머리 아프네."

"어휴, 정말 지겨워. 꼭 이렇게까지 공부해야 되나?"

"세상에는 공부 안 해도 잘 사는 사람들이 얼마나 많은데….."

공신은 공부에서 재미를 찾는다. 몰랐던 것을 알아가는 과정에서 만족감과 행복을 느끼는 것이다. 그래서 공부가 공부로 여겨지지 않는다. 세상에서 가장 재미있는 놀이가 공부다. 그러나 비공신은 공부에서 전혀 재미를 찾지 못한다. 책상에 앉아 있으면 자꾸 딴 생각이 떠오른다. 그러면서 마음껏 놀지 못하고 책상에 앉아 머릿속에 들어오지 않는 문자를 주시해야 하는 것에 불만이 생겨난다.

공신과 비공신의 갈림길은 공부의 재미에 달렸다. 입시철이 지나면 "공부가 재미있어서 했다.", "공부가 가장 쉬웠다." 하는 명문대 합격생들의 인터뷰를 종종 보게 된다. 한창 머리를 싸매고 수능 준비를 하고 있는 학생들이 들으면 기가 막히고 코가 막히는 소리라며 화를 낼지도 모른다. 그러나 아무리 짜증나더라도 그들이 재미있게 공부한 것은 사실이다. 공부가 재미있으니 전부를 걸고 할 수 있었으며 그 결과 명문대에 합격할 수 있었던 것이다.

세상에서 가장 즐겁고 행복한 것은 새로운 것을 알아가는 것이다. 유년 시절을 떠올려보라. 그때 나나 여러분에게 세상은 모르는 것 투성이었다. 하지만 부모님과 타인들을 통해 하나씩 배워가면서 세상이 얼마나 신기하고 즐거운 것들로 가득 차 있는지 알 수 있었다. 무엇보다 그때 새로운 지식을 쌓아갈 때 즐거움을 느끼지 않았는가!

그런데 왜 지금은 공부가 재미는커녕 고문처럼 여겨지는 것일까?

"무조건 해야 한다!" 하는 강박관념 때문이다. 왜 공부를 해야 하는지, 명확하게 알지 못하기 때문에 공부가 스트레스가 되는 것이다. 부모님에게 왜 공부를 해야 하는지 물어보면 대부분 "좋은 대학 가서 좋은 직장에 들어갈 수 있다."라고만 대답한다. 하지만 이런 모호한 대답은 자녀들에게 공부에 대한 동기부여가 되지 않는다. 오히려 공부를 안 해도 잘 살 수 있는 다른 답을 찾게 한다. 즉 이런 답변을 하면 학생들을 더욱 헷갈리게 만드는 것이다.

공신들은 늘 학생들에게 공부를 잘하려면 먼저 명확한 꿈을 설정하고 공부하라고 조언한다. 그 이유는 꿈이 공부를 하게끔 동기부여를 해주기 때문이다. 하지만 아직 부모님과 선생님들은 10대들에게 가슴을 뛰게 하는 꿈을 가지라며 그 꿈과 공부와의 상관관계를 쉽게 설명해주는 능력이 부족하다.

이수연 J&B컨설팅 대표는 뒤늦은 나이에 공부를 통해 인생의 꽃을 피웠다. 그녀는 "평범한 주부였던 제가 여기까지 오게 된 건 공부하면서 기회를 기다렸기 때문에 가능했다."라고 말한다. 자신이 공부로 인생 역전했기 때문에 사람들에게 자신의 경험을 예로 들며 공부의 중요성에 대해 말한다.

그녀는 1998년 사업을 시작하기 전까지만 해도 고졸 학력의 평범한 주부였다. 젊은 시절 가난한 탓에 대학 진학을 포기해야 했다. 하지만

공부에 목말랐던 그녀는 36세의 늦은 나이에 방송통신대학에 입학했다. 6년 만에 졸업장을 받은 후 바로 한양대 경영대학원에 진학해 석사과정을 밟았다. 논문 주제는 '근로자 파견 발전 전망'으로 대기업 퇴직 후 용역회사를 운영하던 남편에게 뭔가 도움을 주고 싶어 선택한 주제였다.

노력하는 자에게 기회가 찾아온다고 했던가. 그녀가 공부를 마치자 기적처럼 기회가 찾아왔다. 마침 근로자파견법이 제정되면서 사업화의 길이 열린 것이다.

"공부하면서 준비하고 기다린 보람이 있었어요. 외환위기 때였지만 하늘이 내린 기회라고 생각하고 사업을 시작했습니다."

이수연 대표는 1998년 8월 서울 방배동 이면도로에 20평짜리 사무실을 차렸고 13년 만에 매출 500억 원을 올리는 회사로 성장시켰다. 모든 사업이 그렇듯이 물론 그 과정에서 숱한 어려움을 겪어야 했다. 회사를 차린 후 1년 가까이는 매출이 전혀 없어 전전긍긍했다. 이때 그녀의 머리에 문득 '아는 것이 힘'이란 말이 떠올랐다. 그래서 그때부터 마케팅과 관련된 공부를 닥치는 대로 했다. 그렇게 해서 자신에게 부족한 부분을 공부로 채울 수 있었고 그 과정에서 사업에서 오는 온갖 시련과 역경을 극복할 수 있었다.

그녀는 자신의 비즈니스 경쟁력은 끊임없는 공부라고 자신 있게 말한다.

"공부를 습관화하면 비즈니스의 길이 보이는 것 같아요."

그녀는 2008년 호서대 벤처전문대학원에서 정보경영학 박사학위까지 받았지만 아직도 배울 거리를 찾아다닌다.

공부는 그동안 몰랐던 것들을 알게 해준다. 그 과정에서 공부의 재미를 느끼게 된다. 물론 공부 외에도 재미를 느끼게 하는 것들이 많다. 하지만 그러한 것들은 단기적인 재미와 행복을 느끼게 해줄 뿐이다. 공부는 새로운 지식을 쌓게 해주기 때문에 장기적인 재미와 행복을 가져다준다. 게다가 공부를 통해 쌓는 지식이 미래를 알차고 풍요롭게 만들어주기 때문에 그 행복지수는 공부 외의 것들에서 느끼는 감정들과는 차원이 다르다.

비공신들에게는 공통점이 있다. TV 시청시간과 인터넷 등 비생산적인 일에 많은 시간을 허비한다는 것이다. 반면에, 공신은 TV나 인터넷 등에 시간을 빼앗기기보다 독서나 공부를 한다. 그런 식으로 행복한 미래를 만들어가면서 기쁨을 느끼며 생활한다.

미국 메릴랜드 대학 연구팀은 약 30년간 약 3만 명의 성인을 대상으로 일상생활의 만족감과 행복지수 등 두 가지 데이터를 분석했다. 연구 팀은 먼저 매일 일기를 쓰는 과제를 주어 일상생활에서 만족감을 느낀 경우를 적도록 했다. 다음으로는 사회적 태도를 알아보기 위해 행복지수가 어느 정도인지 다양한 항목을 통해 오랫동안 정기적으로 응답을 받았다.

다른 분석 결과는 거의 일치했다. 그러나 TV 시청에서는 큰 차이를 보였다. 사회적 태도 조사에서 '행복하다'고 응답한 사람은 다른 사람과 자주 접촉하고 중요행사에 참석하거나 투표에 적극 참가하거나 신문을 읽는 경향을 보였다. 반대로 '행복하지 않다'고 대답한 사람은 많은 시간을 TV를 시청하며 보냈는데, 평균 시청시간이 20% 정도 많은 것으로 나타났다.

연구 팀은 다음과 같은 결과를 발표했다.

"사람들은 TV 시청이나 인터넷을 할 당시에는 행복을 느끼지만, 장기적으로는 긍정적인 결과를 얻기 어려웠다. TV 시청이나 인터넷은 인간관계나 독서 등을 통해 얻을 수 있는 장기적인 행복과 만족감을 얻기 힘들다."

공신들은 절대 공부 외의 것들에서 만족감이나 행복을 느끼지 않는다. 자신의 인생에 아무런 도움이 되지 않기 때문이다. 공부야말로 인생의 뼈와 살이 된다. 지금 여러분이 쌓는 배경 지식은 공부가 본 궤도에 오르도록 해주는 추진 장치와 같다. 배경 지식 없이는 좋은 성적을 얻을 수 없고 원하는 대학에 들어갈 수 없다. 그렇다면 여러분이 이루고자 하는 꿈과 미래는 어떻게 될까?

　답은 분명해졌다. 공부라는 연료 없이는 절대 우주라는 더 넓은 곳으로 나아갈 수 없다. 지금 공부가 힘들다면 그동안 몰랐던 공부의 재미를 찾아라. 그리하여 공부에 대한 흥미를 유발시켜 공부를 놀이처럼 하라.

제주도지사 원희룡은 고교 시절 3년 동안 1등을 놓친 적이 없는 수재였다. 대입학력고사에서 전국 1등을 차지해 서울대에 수석으로 입학했다. 그의 공부 비법은 시간 관리를 철저히 하는 것에서 시작한다.

그는 작은 노트를 마련해 하루의 일지를 적었다. 그날 언제 어디에서 공부했는지 체크하고, '집중도와 감정까지 기록'했다. 사시 수석 합격에 대한 한 강연에서는 "공부하다가 잠깐 화장실에 다녀오는 동안에도 머릿속으로는 공부한 내용을 계속 떠올려보았고, 공부 이외의 다른 생각을 했던 모든 시간을 단 5분이라도 생활일지 노트에 체크하면서 그런 시간을 최소화하고자 했다."라고 말했다. 그는 모든 시간을 공부 시간으로 활용하려고 했다.

그는 억지로 하는 공부가 아닌 즐기며 자기주도적으로 공부를 해야 한다고 강조한다. 입시에 시달리며 어쩔 수 없이 공부하는 학생들에게 시사하는 바가 크다.

"지금 내가 하고 있는 공부를, 새로운 것을 알아가는 즐거움의 과정으로 이끌어가려면 무엇을 알고 싶은가에 대해 스스로 답할 수 있어야 한다. 즉, 자기가 만들어낸 독창적인 물음표가 있어야 한다는 것이다. 이 물음표가 많을수록, 그래서 공부하는 과정에서 이 물음표가 느낌표로 바뀌어 갈수록 '공부하는 즐거움'은 더욱 커질 것이다."

3장

공부를 잘하면 행복해질 확률도 훨씬 높아진다

01 공부 잘하는 친구가 행복해질 확률이 높다

미국 오하이오 주에 있는 한 고등학교 3학년 담당 교사는 종종 학생들에게 공부하라는 말을 했다. 그때마다 학생들은 마이크로소프트 전 회장 빌 게이츠의 예를 들며 "공부를 하지 않고도 얼마든지 성공할 수 있다."라고 답했다. 그 어떤 말로도 학생들에게 동기부여가 되지 않는 터라 교사는 직접 빌 게이츠에게 다음과 같이 편지를 썼다.

"'빌 게이츠는 고등학교도 졸업하지 않았는데도 불구하고 MS사의 회장이 되었고, 40대에 벌써 세계 최고의 갑부가 되었는데요.'라는 말을 하는 학생들이 많습니다. 당신의 성공담이 많은 학생들로 하여금 공부를 게을리해도 된다는 핑계거리가 되고 있습니다. 이런 아이들에게 어떤 말을 해주는 게 좋겠습니까?"

편지의 말미에 학생들에게 조언을 해달라는 말도 덧붙였다. 그러자 빌 게이츠는 이런 답신을 보내왔다.

"나는 MS사를 창업하기 위해 대학 졸업을 포기했지만 하버드대학을 3년 동안이나 다녔습니다. 내가 알기로는 고등학교를 그만두고 컴퓨터 업계에 진출해서 거물급이 된 사람은 아직 아무도 없습니다. 그리고 누구든 일생일대의 기회라는 확신이 없는 한 학교 공부를 중단하는 것은 결코 현명하지 못합니다."

빌 게이츠는 고등학교도 나오지 않은 사람이 아니다. 아니, 그 반대다. 그는 미국의 명문 사립 중고교인 레이크 사이드 고교를 졸업했는가 하면 하버드대학에 2년간 다니다 자기의 꿈을 실현하기 위해 중퇴한 컴퓨터 황제다. 그는 특히 수학과 과학에 뛰어났으며, 고교 때는 워싱턴 대학의 정규 수학 강의를 듣고 대학생들과 경쟁해서 학점을 딸 정도의 수재였다.

그러나 대부분의 학생은 그의 눈부신 성공에만 초점을 맞춘 나머지 그에 대해 제대로 알지 못한다. 따라서 자신이 공부를 소홀히 하는 이유에 대해 "빌 게이츠도 대학도 안 나오고 세계적인 기업의 회장이 되었잖아요."라며 말도 안 되는 변명을 하는 것이다.

빌 게이츠는 고등학교 졸업장만으로는 성공하기가 하늘의 별 따기라는 것을 누구보다 잘 알고 있다. 그 역시 하버드대학에 들어간 이유가 변호사로 활동하는 아버지처럼 성공하는 인생을 살고 싶었기 때문이었다.

언젠가 그는 마운틴휘트니 고등학교에서 학생들에게 다음과 같이 열 가지 인생 충고를 했다.

1. 인생이란 원래 공평하지 못하다. 그런 현실에 대하여 불평할 생각하지 말고 받아들여라.

2. 세상은 네 자신이 어떻게 생각하든 상관하지 않는다. 세상이 너희들한테 기대하는 것은 네가 스스로 만족하다고 느끼기 전에 무엇인가를 성취해서 보여줄 것을 기다리고 있다.

3. 대학교육을 받지 않는 상태에서 연봉 4만 달러가 될 것이라고는 상상도 하지 마라.

4. 학교 선생님이 까다롭다고 생각되거든 사회에 나와서 직장 상사의 진짜 까다로운 맛을 한번 느껴봐라.

5. 햄버거가게에서 일하는 것을 수치스럽게 생각하지 마라. 너희 할아버지는 그 일을 기회라고 생각하였다.

6. 네 인생을 네가 망치고 있으면서 부모 탓을 하지 마라. 불평만 일삼을 것이 아니라 잘못한 것에서 교훈을 얻어라.

7. 학교는 승자나 패자를 뚜렷이 가리지 않을지 모른다. 그러나 사회 현실은 이와 다르다는 것을 명심해라.

8. 인생은 학기처럼 구분되어 있지도 않고 여름 방학이라는 것은 아예 있지도 않다. 네가 스스로 알아서 하지 않으면 직장에서는 가르쳐주지 않는다.

9. TV는 현실이 아니다. 현실에서는 커피를 마셨으면 일을 시작하

는 것이 옳다.

10. 공부밖에 할 줄 모르는 '바보'한테 잘 보여라. 사회에 나온 다음에는 아마 '그 바보' 밑에서 일하게 될지도 모른다.

그가 학생들에게 했던 인생 충고는 다음과 같이 한 문장으로 요약할 수 있다.

"냉혹한 사회에서 성공하고 행복해지려면 지금 열심히 공부해서 좋은 대학에 들어가라."

더군다나 지금처럼 고등학교 졸업 후 대학에 진학하는 비율이 80%가 넘는 시대에 대학을 나오지 않는다면 피 튀기는 전장에 총이나 칼을 들지 않고 나가는 것과 같다.

명문대를 나올수록 인생을 살아가기가 편하다. 그 이유는 조선일보 워싱턴지국장인 강인선 씨의 사례를 들어 설명하겠다. 서울대 외교학과를 졸업한 그녀는 조선일보 기자 생활 10년 만에 공부를 다시 해보고 싶은 생각에 하버드 케네디 스쿨에 입학했다. 그러나 낯선 곳에서 안 하던 공부를 하려니 스트레스가 이만저만이 아니었다. 그때 그녀에게 하버드 출신 선배가 다음과 같이 충고했다.

"하버드에서 행복하게 사는 법을 가르쳐줄까? 낙제만 안 한다면 꼴찌를 해도 좋다고 생각할 줄 알면 돼. 졸업한 후에는 그냥 다 하버드 졸업한 거야. 몇 등 했는지는 묻지 않거든. 그러니까 졸업만 목표로 삼아. 괜히 옆에 쳐다보고 비교하면서 스스로를 괴롭히지 말고."

– 강인선, 『하버드 스타일』

하버드를 나오면 몇 등 했는지 묻지 않는다. 왜냐고? 세계 명문대인 하버드를 나온 것만으로도 충분히 실력이 검증되기 때문이다. 이것이 명문대 간판이 먹히는 이유다.

공부 잘하는 학생이 그렇지 않은 학생에 비해 성공하고 행복해질 확률이 높다. 예를 들어 그녀가 조선일보 기자생활을 할 수 있었던 것은 학창 시절 열심히 공부해서 서울대를 나왔기 때문이다. 서울대를 다녔다는 것은 그만큼 실력이 된다는 뜻이고 그 실력이면 너끈히 조선일보 기자 시험에 합격할 수 있다는 결론에 도달하게 된다. 그녀는 기자를 하면서 보통 사람들은 만나보지 못할 정부 고위층뿐 아니라 사회 주력 위치에 있는 사람들과 어울리며 다양한 문화를 경험하는 특권을 누릴 수 있었다. 그런 경험들이 그녀의 인생을 좀 더 성공적이고 행복한 인생으로 가꾸기 위한 배경지식이 된 것은 자명한 사실이다. 그녀가 늦은 나이에 다시 하버드에 간 이유 역시 남은 인생을 더 행복하고 풍요롭게 살기 위함이다.

성공을 떠나 행복한 인생을 살고 싶다면 공부해야 한다. 쉽게 말해

'나를 사랑하니까 공부해야 한다.'라는 말이다. 공붓벌레 김현근은 자신이 죽기 살기로 공부한 이유에 대해 이렇게 말한다.

"일단 공부를 잘하면 앞으로 내가 할 수 있는 일이 많아지는 것이 분명하다. 의사가 될 수도 있고, 변호사가 될 수도 있고, 펀드 매니저가 될 수도 있다. 공부를 잘할수록 훗날 내가 선택할 수 있는 직업들이 더 많아진다는 것을 알았다."

그의 이야기를 좀 더 들어보자.

"공부 이외의 다른 길을 선택한다면, 예를 들어 음악, 미술 같은 예술 분야나 운동으로 진로를 정한다면, 1등이 아니고서는 살아남을 수 없다. 예체능계는 경쟁이 아주 치열할 뿐 아니라 실패할 확률도 높은 분야다. 피나는 노력을 해야 하는 것은 두말할 필요도 없고, 특별한 재능까지 타고나야 하는 것이다.

이렇게 단순히 확률적으로만 비교해 보더라도 공부를 하는 것은 다른 어떤 분야보다 더 많은 성공 기회를 제공한다. 안타깝게도 예체능 분야의 시장이 좁은 한국에서는 더더욱 그렇다. 공부를 잘해서 선택할 수 있는 직업군에 비해 그 수요가 매우 적다는 말이다."

— 김현근, 『현근이의 자기주도 학습법』

한창 공부에 몰입해야 할 나이에 공부하지 않고선 절대 성공할 수 없다. 자신이 꿈꾸는 인생을 살지 못하는데 어찌 행복할 수 있을까? 행복은 그저 주어지는 것이 아니다. 자신이 바라는 것을 하나씩 이루어가는 과정에서 느끼는 감정이 바로 행복이니까.

마지막을 김현근의 조언으로 마무리할까 한다.

"학창 시절에 공부하기 싫어서 마냥 손 놓고 있었던 사람에게는 앞으로 주어지는 기회도 거의 없다고 봐야 한다. 만약 공부를 해야 하는 이유를 스스로 찾을 수 없다면 일종의 보험이라 생각하고 열심히 공부하길 바란다."

02 출세의 지름길은 공신이 되는 것이다

나는 학생들에게 "공부를 열심히 해서 좋은 대학에 가야 하는 이유가 무엇일까?" 하고 물어본다. 그러면 대부분 이런 답이 돌아온다.

"잘 먹고 잘살기 위해서요."
"부모님이 그러시기를 바라시니까요."
"좋은 직장에 들어갈 수 있어서요."
"꿈을 이루고 자신이 바라는 인생을 살기가 훨씬 쉬워요."

그렇다. 공부를 잘해서 명문 대학에 들어가면 그만큼 출세하기기 쉬워진다. 명문 대학을 졸업했다는 간판만으로도 사람들에게 인정을 받을 수 있기 때문이다. 그래서 부모라면 모두 자식을 명문 대학에 보내고 싶어 하는 것이다.

물론 공부와 담쌓고도 출세한 사람들도 있다. 사실 세상에는 대학 나오지 않고서도 성공한 사람들은 많다. 그런데 문제는 세상에 알아주는 대학을 나오지 않는다면 그만큼 자신의 꿈을 이루기가 어렵다는 것이다. 왜냐하면 밑바닥부터 시작해야 하기 때문이다.

10대들 가운데 쉽게 연예인이 될 수 있다고 생각하는 사람들이 있다. 정말 그럴까? 그들이 자신들의 꿈을 이루기 위해 쏟았던 땀과 눈물을 알고 나면 "차라리 공부가 더 쉽겠어!"라고 말할 것이다. 그만큼 뜨거운 열정과 지독한 노력이 없으면 이룰 수 없기 때문이다.

재즈 피아니스트 진보라. 그녀는 자신의 꿈인 재즈 피아니스트가 되기 위해 공부를 포기했다. 학교를 그만둔 후부터 하루 종일 집에서 피아노만 쳤다. 피아노를 치다가 지쳐 건반 위에 엎드려 잠이 든 적도 수없이 많다.

진보라는 당시를 이렇게 회상했다.
"때로는 평범한 학교생활이 그리워 옛날 교복을 꺼내 입고 피아노를 치다가 나도 모르게 잠이 들기도 했어요. 떡볶이집에 가면 교복 입은 또래 학생들이 있을까 봐 가지도 않았습니다."

그녀는 자신의 꿈을 이루기 위해 피아노에 전부를 걸었다. 새벽까지 연습실에서 피아노를 치고 나면 녹초가 되다시피 했다. 어느 날 문득 '내가 선택한 재즈 피아니스트의 길이 옳은 선택일까?' 하는 불안감마저 들었다. 그럴수록 그녀는 피아노에 매달렸다.

"힘들어서 울었던 순간도 많아요. 하지만 결코 나의 선택을 후회한 적은 없습니다. 처음 피아노에만 집중하겠다고 결심할 때도 생각보다 어렵지 않았어요. 그것이 내 길이라는 확신이 들었기 때문이죠."

그런 끈질긴 노력 끝에 그녀는 '한전 아츠풀센터 콩쿠르'에서 우승할 수 있었다. 그리고 '2001년 서울종합예술원 콩쿠르' 재즈부문에서도 1위의 영예를 안았다. 현재 그녀는 공연과 방송 등 다양한 활동으로 연예인 부럽지 않은 인생을 살고 있다.

진보라 씨가 지금의 자리에 오르기까지는 혹독한 훈련이 있었다. 여러분 가운데 매일 이른 아침부터 새벽까지 피아노를 칠 수 있는 사람은 얼마나 될까? 아마 거의 없을 것이다. 며칠은 어떻게든 해낼 수 있겠지만 그 이상은 오기만으로 버틸 수 없기 때문이다. 천재성은 이런 지독한 노력 끝에 만들어진다.

열일곱 살의 나이에 검정고시를 거쳐 서울대에 합격한 박인국 군에 관한 기사가 화제가 된 적이 있다. "대학에 가면 제일 하고 싶은 거요? 하버드생들처럼 도서관에서 전공 책을 탑처럼 쌓아놓고 밤새 공부하고 싶어요."라고 말하는 박 군은 집중력과 지독한 노력으로 자신의 목표를 이룰 수 있었다.

천안 용암초등학교 재학시절부터 소문난 영재였던 박 군은 6학년 때 천안에서 20명만 선발하는 '과학영재'에 뽑혔다. 중학교 때는 수학, 생물학 등에 관심이 많아 전국 대회를 휩쓸다시피 했다. 그리고 중학교를 졸업한 2009년에 카이스트 부설 한국과학영재학교의 입학 허가를 받았다.

그러나 그에게 예기치 못한 시련이 닥쳤다. 입학허가를 받은 지 얼마 지나지 않아 자동차회사에 다니던 아버지가 갑자기 신부전증 판정을 받은 것이다. 신장이식을 위해 어머니가 수술대에 누웠다. 부모님 모두 병원에 입원하게 되자, 박 군은 입학식을 한 달 남겨두고 영재학교를 포기하고 말았다.

한 달이 지나고 아버지는 건강을 회복했다. 그때부터 박군은 마음을 다잡고 독학을 시작했다. 그는 3개월 만에 고졸 검정고시에 합격하여 그해 7월 이후에는 곧바로 재수학원에 등록해 본격적으로 대입 준비를 시작했다. 그로부터 6개월 만에 서울대 합격통지서를 받았다.

영재학교도 다니지 않은 박 군이 9개월간 독학으로 서울대에 합격한 공부 비결은 무엇일까? 그는 이렇게 말했다.

"저만의 특별한 공부 비법은 없어요. 지금의 상황을 개선시키기 위해 무작정 더 열심히 하는 수밖에 없었습니다."

중학교 때 그에게 수학을 가르쳤던 한 교사는 이렇게 말했다.

"집중력과 노력의 승리라고 할 수 있어요. 타고났다기보다는 스스로 영재가 된 엄청난 노력파예요. 매일 스스로 찾아와 고난도 문제들로만 숙제를 내 달라고 부탁할 정도였습니다."

박 군이 다녔던 천안의 한 학원의 원장 역시 비슷한 말을 했다.

"새벽 2시까지 자습을 해도 집중력이 흐트러지지 않는 아이였습니다. 강사들이 군기를 잡으려고 일부러 많이 내 준 숙제를 다 해온 학생은 인국이밖에 없었죠."

물론 그가 말하는 지독한 노력 외에 독서를 꼽을 수 있다. 그는 초등학교 시절 하루에 책 한 권을 읽을 정도로 책벌레였다. 초등학교 2학년 때부터 과학잡지인 〈과학소년〉과 〈뉴턴(Newton)〉을 구독한 것이 논술시험을 보는 데 많은 도움이 됐다. 영어공부도 '해리포터' 시리즈 영문판이나 영어 잡지인 〈틴타임즈(Teentimes)〉를 읽으면서 할 정도였다.

"공부하는 시간이 가장 즐겁다"고 말하는 박인국 군. 그가 말하는 공부비법은 자신이 배운 내용을 다른 사람에게 설명해주는 것이다. 자기가 먼저 이해하지 못하고서는 절대로 남에게 쉽게 설명해줄 수 없기 때문이다.

명문대에 들어간 학생들은 공신이다. 박인국 군의 노트에는 '지금도 적들의 책장은 넘어가고 있다'는 등의 공부에 관한 명언들이 빼곡하게 적혀 있다. 그는 평소에 공부가 힘들게 느껴지고 마음이 흐트러질 때마다 이 노트를 들여다보며 마음을 다잡았다고 한다. 그의 모습을 통해 공부는 외롭고 힘든 자신과의 싸움이라는 것을 새삼 깨닫게 된다.

여러분, 공부할 수 있다는 것은 자신의 노력 여하에 따라 얼마든지 성공할 수 있다는 뜻이다. 출세해서 자아실현하며 남부럽지 않게 살 수 있다는 말이다. 공부는 그런 것이다. 내가 바라는 것들을 이루게 해주는 마법 같은 것이다. 그런데 이 마법은 10대라는 시기가 지나고 나면 효력이 현저히 줄어든다.

그러니 지금 독하게 공부하길 바란다. 10대라는 마법이 휙 지나가기 전에.

03 세계적인 위인을 배출하는 하버드대학의 비밀

하버드대학 출신 기업가 등 부자들을 살펴보다 보니 정말 세상의 부자들 가운데 마이크로소프트 전 회장인 빌 게이츠를 비롯해 하버드대학 출신이 많다는 것을 알았다. 그래서 하버드대학이 위인들을 배출하는 요인에 대해 분석해보았다.

먼저 하버드대학의 오랜 역사와 전통에 대해 살펴보았다.

하버드대학은 미국에서 가장 오랜 역사와 전통을 가지고 있을 뿐만 아니라 전 세계인에게 너무나 잘 알려진 명문대의 대명사다. 미국 독립보다도 140년이나 앞서 설립되었다. 오늘날 100여 개 국가에서 유학생을 보내는가 하면 한국 학생도 수백 명이 넘는다. 현재 학부에 6천 600명, 대학원에 6,000여 명의 학생이 등록되어 있으며, 법대, 경영대학원은 미국 대학원 평가순위에서 부동의 1위를 지켜오고 있다.

하버드대학은 교수진을 선발할 때 동문이 아니면 거의 뽑지 않는다. 부득이한 경우에는 명예졸업장을 수여한 후 교수로 채용할 만큼 자부심이 대단하다. 특히 외국인 교수 유치에도 적극적이어서 미국 내 대학에서 가장 많은 2,100여 명의 교환교수를 확보하고 있다. 하버드를 가장 권위 있는 대학으로 만드는 요소 중의 하나로 교수진을 꼽을 수 있다. 교수진은 노벨상 수상자 등이 23명으로 미국의 어느 대학보다 많다. 또한 미국에서 가장 가입하기 어려운 과학학술원의 회원으로 있는 교수가 자그마치 115명에 달한다고 한다. 따라서 하버드 학생들은 세계 최고의 석학들에게서 수준 있는 강의를 들을 수 있는 것이다. 덕분에 하버드대학을 나왔다는 이유만으로도 미국 경제의 중심인 월스트리트를 비롯해 각 분야에서 인정과 존경을 받는다.

그동안 하버드대학은 미국 첫 흑인 대통령인 버락 오바마를 비롯해 존 아담스, 존 퀸시 아담즈, 러더포드 B. 헤이즈, 시오도어 루즈벨트, 플랭클린 루즈벨트, 존 F. 케네디, 조지 부시 등 8명의 미국 대통령을 배출했다. 그리고 파키스탄, 그리스, 자마이카, 멕시코 같은 나라의 대통령이나 수상들도 하버드 출신이 많다.

그리고 헨리 키신저 전 국무장관, 신문출판업자인 윌리엄 랜돌프 서트르, 역사가 아더 슬레신저, 백만장자인 데이비드 록펠러, 맹인사회사업가 헬렌켈러, 음악가 레너드 번스타인과 요요마, 영화 〈쥬라기 공원〉의 작가 마이클 크라이턴, 전 미국 적십자사 총재 엘리자베스 돌,

미국 소비자 운동의 선구자 랄프 네이더 등이 하버드 출신이다. 그리고 베스트셀러 『성공하는 사람들의 7가지 습관』으로 유명한 스티븐 코비도 하버드 출신이다.

하버드대학 졸업생 가운데 영화배우도 많다. 앨 고어 전 부통령과 동기생이었던 토미 리 존스를 비롯해 잭 레먼, 미라 소르비노, 엘리자베스 슈, 맷 데이먼 등이 있다.

노벨상 수상자 역시 하버드대학의 역대 교수진에서 43명이나 배출되었다. 1965년에는 로버트 번스 우드워드(화학)와 줄리언 S. 슈윙거(물리학)가 동시에 노벨상을 수상해 한 해에 두 명의 노벨상 수상자를 배출하는 기록을 세우기도 했다.

미국 경제전문지 〈포춘〉이 2010년에 선정한 500대 기업 최고경영자(CEO) 가운데 약 27%가 미국의 아이비리그 대학 출신이라는 조사결과가 있다. 조사결과에 따르면 미국 아이비리그 대학 8개 가운데 예일대학교와 브라운대학교를 제외한 6곳에서 총 134명의 CEO를 배출한 것으로 나타났다.

포춘 선정 500대 CEO를 가장 많이 배출한 학교의 순위를 살펴보면 하버드대학이 58명으로 가장 많았고, 컬럼비아대학교와 펜실베이니아대학교가 각각 21명과 20명으로 그 뒤를 이었다.

결국 500대 CEO가운데 약 20%(총 99명)가 이들 세 학교 출신인 셈이다. 또 다트머스대학 출신은 16명, 코넬대학 출신은 10명이었고 스탠퍼드대학도 16명의 CEO를 배출했다.

나는 하버드대학이 세계적인 위인들을 많이 배출하는 이유가 무엇보다 세계 최고의 석학들에게서 수준 있는 강의를 들을 수 있는 기회를 누릴 수 있었기 때문이라고 생각한다. 그리고 그들이 하버드대학을 나왔다는 이유만으로도 사회로부터 받는 인정과 존경이 그들이 자신의 분야에서 성공하는 데 큰 힘이 되었다는 것은 사실이다.

하버드대학 출신자들 가운데 직장을 구하지 못해 쩔쩔매는 사람은 없다. 그 이유는 하버드대학이라는 명성 때문이다. 올해 하버드대학으로부터 합격통지서를 받은 한 학생에게 물었다.

"많은 명문 중에 왜 하버드대학을 선택했나요?"

그러자 그는 이렇게 대답했다.

"하버드 졸업장 때문에요. 대학원에 진학할 때나 직장을 구할 때 하버드 졸업장만큼 가치 있는 것도 없잖아요."

그 학생의 대답을 통해 하버드대학이 사회에 미치는 굉장한 영향력에 대해 알 수 있다.

하버드대학은 재학생들을 살뜰히 챙기는 것으로도 유명하다. 졸업 후에도 동창회와 소속 단과대학 학장이 꾸준히 편지를 보내 새로운 사업에 대한 설명이나 우수한 학생이 장학금이 부족해 힘들어하고 있다는 등의 학교 사정을 알리고 기부금을 부탁한다. 하버드대학 출신이라는 명성을 누리는 만큼 학교 발전에 기여하라는 뜻이다.

그렇다면 하버드대학이 어떻게 지금처럼 최고의 명문이 되었을까?

그 대답은 세계적 리더의 산실인 하버드대학의 리처드 라이트 교수를 통해 찾을 수 있었다. 그는 저서 『하버드 수재, 1,600명의 공부법』에서 이렇게 말한다.

"하버드대학 학생들이 4년 동안 가장 신경 쓰는 분야는 글쓰기다. 자기의 생각을 글로 표현할 줄 아는 능력은 학교생활 뿐 아니라 사회생활에서도 가장 중요한 성공 요인이다."

사실 리더의 다른 자질 가운데 필수 요건인 비판적 사고와 문제 해결 능력은 독서와 글쓰기를 통해 기를 수 있다. 언젠가 한 리서치 기관이 10대 시절 졸업생 가운데 사회적 리더가 된 사람들을 대상으로 "당신의 제일 중요한 성공 요인이 무엇인가?" 하고 물었던 적이 있다. 그때 가장 많이 나온 대답은 학벌이나 인맥이 아니라 놀랍게도 '독서'와

'글쓰기 능력'이었다.

그렇다면 하버드 출신 가운데 유독 성공한 사람들이 많은 것은 '독서'와 '글쓰기' 능력에서 비롯되었다고 추론해볼 수 있다.

"그렇다면 성공하기 위해 반드시 하버드대학에 가야 하나?"

이렇게 반문할 수도 있다. 답은 "그렇지 않다."이다. 그 이유를 초창기 삼류였던 미국의 명문 사학인 시카고대학의 성공 스토리에서 찾을 수 있다.

시카고대학은 미국의 석유재벌 존 록펠러가 세운 학교다. 이 대학은 설립년도인 1892년부터 1929년까지 소문난 삼류였다. 소위 집에서 내놓은 학생들이 주로 입학했던 학교였던 것이다. 그런데 1929년, 로버트 허친스가 시카고대학에 총장으로 부임하고 달라지기 시작했다. 그는 존 스튜어트 밀식 독서법에 정통한 사람으로 시카고대학을 세계 명문 대학으로 키우겠다는 야심으로 '시카고 플랜'을 도입했다. 시카고 플랜이란, 인류의 위대한 지적 유산인 철학 고전을 비롯한 각종 고전 100권을 달달 외울 정도로 읽지 않는 학생은 졸업시키지 않는다는 것이다. 시카고 플랜이 시행되자, 그동안 책과 담쌓았던 학생들도 어쩔 수 없이 고전을 읽기 시작했다.

처음에는 어떤 변화도 일어나지 않았다. 그러나 시간이 지나면서 그들이 읽은 고전의 수가 30권, 50권을 넘어서자 점차 변화가 일어나기 시작했다. 위대한 고전 저자들의 사고 능력이 그들의 두뇌 깊은 곳에 서서히 자리 잡기 시작한 것이다. 그리고 마침내 기적 같은 일이 일어났다. 노벨상 수상자들이 폭주하기 시작했던 것이다. 1929년부터 2000년까지 이 대학 출신자가 받은 노벨상이 무려 73개에 이른다.

하버드대학은 세계적인 인재를 가장 많이 배출하고 있다. 그 이유는 학생들을 가르치는 '시스템' 때문이다. 그 시스템은 최고의 석학들에게서 듣는 수준 있는 강의뿐 아니라 대학생활 내내 고전을 비롯해 다양한 책을 가까이하는 것이다. 그리하여 학생들은 학문을 탐구하게 되고 자신도 모르는 사이에 자신의 잠재력을 최적화하게 된다.

이 책을 읽는 10대의 독자분이 할 수 있다면, 하버드대학을 목표로 공부하라. 그럴만한 실력이 되지 않는다면 하버드대학이 가지고 있는 시스템을 내 것으로 만들길 바란다. 그러면 굳이 하버드대학에 가지 않고도 자신의 역량을 최대치로 끌어올릴 수 있을 테니까.

04 너희는 공부의 미래 가치가
얼마라고 생각하니?

'베스트셀러 작가', '바람의 딸' 한비야.

그녀는 25세의 나이에 대학 졸업의 중요성을 느끼고 홍익대 영문과에 들어갔다. 졸업 후 국제홍보회사에서 근무하다 1993년부터 7년간 세계의 오지를 여행했다. 그 후 국제구호활동가로 변신해 2001년부터 현재까지 월드비전 긴급구호팀장을 맡은 바 있다. 그리고 한비야는 쉰이 넘은 나이에 미국 보스턴 터프츠대 플래처스쿨 인도적 지원 석사과정에 입학하여 졸업하고 지금은 월드비전 세계시민학교 교장을 역임하고 있다.

그렇다면 한비야는 왜 쉰이 넘은 나이에 힘든 공부를 다시 시작하려고 결심했던 것일까?

꿈 너머 꿈을 향해 나아가기 위해선 더 깊은 공부가 필요하기 때문이다. 그동안 월드비전 긴급구호팀장으로 활동하면서 긴급구호 분야를 체계적으로 공부해 보다 전문적인 구호 활동을 펼치고 싶다는 생각에 유학을 결심했다.

"쉰이 넘은 이 나이에 무슨 공부냐 하겠지만 좀 더 쓸모 있는 구호요원이 되기 위해서는 꼭 필요한 공부이며 지금이 이 공부를 해야 할 때라고 판단했다."

그녀가 늦은 나이에 미국으로 유학을 간다고 했을 때 가족을 비롯한 주위 사람들이 극구 말렸다.

"유학을 가겠다고 하니까 멀쩡하게 다니던 구호단체는 왜 그만두며 공부는 다 때가 있는데 그 나이에 무슨 공부냐고 걱정하는 사람들이 많았어요."

공부는 학생들 뿐 아니라 모든 사람에게 필요하다. 자신의 분야에서 좀 더 깊이 파고들기 위해선 반드시 공부가 필요하기 때문이다. 공부의 미래 가치는 그 무엇으로도 환산할 수 없다.

무라카미 하루키의 『먼 북소리』에 보면 다음과 같은 말이 있다.

"나이를 먹는 것은 그다지 두렵지 않았다. 나이를 먹는 것은 내 책임이 아니다. 누구나 나이는 먹는다. 그건 어쩔 수 없는 일이다. 내가 두려웠던 것은 어느 한 시기에 달성해야 할 무엇인가를 달성하지 않은 채로 세월을 헛되이 보내는 것이었다. 그건 어쩔 수 없는 일이 아니다."

공부는 자신이 바라는 것을 이룰 수 있게 도와준다. 그동안 나는 학창 시절 공부를 등한시한 사람치고 잘된 사람을 보지 못했다. 하나같이 이 직장, 저 직장 옮겨 다니며 메뚜기 같은 생활을 하고 있었다. 꿈이 있는 사람, 성공을 갈망하는 사람은 반드시 공부할 나이에 공부해야 한다.

역사평론가인 이덕일이 말한다.
"공부를 잘하는 사람이 반드시 성공하는 것은 아니지만 성공할 확률이 높은 것은 사실이다. 사실 그동안 만났던 성공한 사람들은 대부분 공붓벌레거나 맹렬한 독서가였다. 성공하고 싶다면 공부하고 책을 읽어야 한다."

학생들이 지금 공부에 투입하는 땀과 노력의 양에 따라 미래의 색깔이 바뀐다. 공신들이 미친 듯이 머리 싸매고 공부하는 이유가 좋은 직업, 좋은 직장, 원하는 배우자 등을 얻기 위해서다. 즉 미래를 위해서 한다는 뜻이다.

물론 공부는 인생의 성공을 떠나 자신의 인격과 품격의 수준을 향상시킨다. 수준 높은 인격과 품격을 가진 사람에게 사람들이 몰리고 기회가 몰린다. 따라서 '나'라는 그릇을 넓히기 위해 지금 공부할 수 있을 때 뜨겁게 공부하기를 바란다.

　프랜시스 베이컨의 말을 가슴에 새겨보라.

　"역사는 인간을 현명하게 하고, 시는 지혜롭게 하고, 수학은 치밀하게 하고, 철학은 심원하게 하며, 윤리학은 중후하게 하고, 논리학과 수사학은 담론에 능하게 한다. 따라서 학문은 인격이 된다."

05 매일 꿈을 되풀이해서 적고 낭송하라

세상에는 세 종류의 사람이 있다. 첫 번째는 자신의 꿈을 이루기 위해 노력하는 사람이다. 두 번째는 다른 사람의 꿈을 대신 사는 사람이다. 세 번째는 아무런 꿈도 없는 사람이다. 성공하는 인생을 살고 싶다면 첫 번째 사람이 되어야 한다. 꿈이 있어야 노력하게 되고 그 결과 꿈이 실현되기 때문이다.

그러나 꿈이 있다고 해서 무조건 실현되지는 않는다. 꿈과 함께 목표와 계획, 끊임없는 노력이 뒤따라야 한다. 사람들 가운데 성공한 사람보다 그렇지 않은 사람이 더 많은 것은 아예 꿈이 없거나 아니면, 꿈만 있거나 꿈을 뒷받침해주는 요소들이 없기 때문이다.

나는 사람들에게 꿈을 이루는 비결에 대해 이렇게 말한다.

"꿈을 종이에 적어서 잘 보이는 곳에 붙여두고 매일 되풀이해서 적고 낭송해보세요. 어쩌면 유치하게 보일지 모르는 작업이지만 계속 하다보면 자신도 모르는 사이 꿈이 이루어졌다는 것을 깨닫게 됩니다."

나 역시 20여 년 전만 해도 평범한 직업을 가진 사람에 불과했다. 집이 지독히 가난했던 탓에 서울에서 기자 생활을 하면서 원룸은커녕 한 평도 안 되는 고시원에서 4년을 살았다. 그때 내 마음속에는 부정적인 생각이 팽배했다.

'내 인생은 왜 이럴까?'
'나는 왜 가난한 부모 아래서 태어났을까?'
'평생 이렇게 가난하게 살아야 하는 걸까?'

그러다 나는 우연히 어떤 책을 읽게 되었고 작가라는 꿈을 꾸게 되었다. 그리고 그 꿈을 종이에 적어서 집안 곳곳에 붙여두고 매일 노트에 적었다.

'나는 베스트셀러 작가가 된다!'
'나는 최고의 동기부여가가 된다!'
'내가 쓰는 책들은 많은 독자들에게 사랑받는다!'

그리고 습관적으로 주문을 외우듯이 낭송했다. 20여 년이 지난 지금의 나는 200권 이상의 책을 출간했는가 하면, 몇 권의 책이 중국과 대만, 태국에 수출되어 출간되었다. 그리고 2018년 현재까지 초, 중, 고등학교 교과서에 모두 16편의 글이 등재되는 기쁨도 맛보았다. 지금은 관공서와 기업, 대학교, 중고등학교를 비롯해 수많은 곳에 강연을 다니는 작가이자 동기부여가가 되었다.

TV나 책을 통해 자신의 분야에서 성공한 사람들을 접할 수 있다. 현재 그들은 성공하는 인생을 살고 있지만 과거 그들에게도 힘든 시기가 있었다. 그러나 그들은 미래가 암담한 시절에도 꿈을 잊지 않았다. 꿈을 종이에 적어서 지갑에 넣어두거나 눈에 잘 띄는 곳에 붙여두곤 했다. 어떤 사람은 아침에 눈을 뜨면 수십 번 꿈을 외쳤다. 그들이 꿈을 이룰 수 있었던 것은 그런 꿈을 잊지 않기 위한 절실한 노력 때문이었다. 자신의 꿈을 잊지 않는 사람은 한결같이 꿈을 이루기 위해 최선을 다한다.

"매일 꿈을 되풀이해서 적고 낭송하라!"

그렇다면 왜 그래야만 할까?

꿈을 글로 적는 사람과 그저 가슴에 담아두는 사람 사이에는 차이점이 있기 때문이다. 한 사람은 꿈을 글로 적고 낭송하면서 꿈을 이루기 위해 노력한다. 반면에 또 다른 사람은 가슴속에만 품고 있다. 두 사람 중에 누가 꿈을 이룰 확률이 높을까? 빙고! 꿈을 글로 적고 낭송하

는 사람이다. 꿈을 글로 적고 낭송하는 행동은 '꼭 꿈을 이루겠다!'라고 스스로에게 선언하는 것과 같다. 자연히 '가능하다'는 믿음과 자신감이 생겨난다. 이런 글로 적는 행위는 심리적인 효과 외에 과학적인 근거가 있다. 자신이 바라는 바를 종이에 적고 낭송하게 되면 뇌의 일부분인 망상활성화 시스템을 자극하여 두뇌가 유리한 상황으로 이끌어 목표하는 바를 이루게 하는 것이다.

일단 자신의 꿈을 적고 낭송하기 시작하면 두뇌는 그것과 관련된 것들에 대해 민감하게 반응한다. 예를 들어 한 친구가 고가의 브랜드 옷을 입고 싶어 한다고 가정해보자. 그 친구의 머릿속에는 온통 그 옷에 대한 생각으로 가득하다. '어떻게 하면 옷을 살 수 있을까?' 이런 생각을 하다 보면 TV를 보거나 거리를 돌아다녀도 그 옷을 입고 다니는 사람이 쉽게 눈에 띈다. 이는 뇌가 안테나가 되어 목표를 이루는 데 도움이 될 만한 정보를 놓치지 않고 흡수하기 때문이다.

꿈을 종이에 적고 낭송함으로써 성공한 사람이 있다. 세계적인 만화가 스콧 애덤스이다. 과거의 그는 낮은 임금을 받는 공장의 말단 직원으로 근무했었다. 그는 자신의 사무실 책상에 하루에도 몇 번씩 낙서를 하는 습관이 있었는데, 그가 끊임없이 썼던 글귀는 "나는 신문에 만화를 연재하는 유명한 만화가가 될 것이다."였다. 그는 이 문장을 하루에 열다섯 번씩 써 내려갔다.

당시 그의 만화는 수많은 신문사로부터 계속 거절당하고 있었지만 그는 포기하지 않았다. 그러기를 수백 번, 그는 마침내 한 신문사와 만화 연재 계약을 맺게 되었다. 자신의 꿈이 실현된 것이다. 그러자 그는 또 다른 꿈을 종이에 적고 낭송하기 시작했다.

"나는 세계 최고의 만화가가 되겠다!"

그리고 하루에 열다섯 번씩 그 문구를 적었다. 과연 그의 두 번째 꿈은 실현되었을까?

현재 '딜버트 만화'는 전 세계 65개국에서 25개 언어로 번역되어 출간되고 있다. 애니메이션도 제작되어 방영을 마쳤다. 웹사이트인 '딜버트 존'의 하루 평균 방문자 수는 10만 명이 넘는다. 이제 세계 어디를 가도 딜버트 캐릭터로 장식되어 있는 커피 잔, 컴퓨터 마우스 패드, 탁상 다이어리와 캘린더들을 볼 수 있다. 또한 '딜버트'를 주제로 한 TV쇼가 미국에서 매주 방영되고 있다.

이제 스콧 애덤스는 퓰리처상 수상을 꿈꾸며 노트에다 하루에 열다섯 번씩 이런 말을 적는다.

"나는 퓰리처상을 받을 것이다."

여러분의 가슴 속에는 꿈 씨앗이 심어져 있다. 그 꿈 씨앗은 저절로 발아하지 않는다. 꿈을 이루기 위한 절실함이 있어야 한다. 절실해야 끊임없이 노력하게 되고 그 결과 꿈이 실현된다. 성공한 사람들은 보통 사람들보다 꿈을 향한 절실함이 크다. 그래서 그들은 꿈을 종이에 적고 꿈을 낭송하는 일이 습관화가 된 것이다.

미국의 철학자이자 심리학자였던 윌리엄 제임스는 "심리학에는 한 가지 법칙이 있다. 이루고 싶은 모습을 마음속에 그린 다음 충분한 시간 동안 그 그림이 사라지지 않게 간직하고 있으면, 반드시 그대로 실현된다."라고 말했다. 데이비드 슈워츠 역시 『리더의 자기암시법』에서 비슷한 말을 했다.

"'나는 성공할 것이다'라는 생각이 당신의 모든 사고과정을 지배하게 하라. 그러면 조건반사로 당신의 마음은 성공을 초래할 만한 계획을 세우게 된다."

간절히 바라는 것들을 가슴속에 가득 채워라.

'다음 시험에서 5등 안에 든다!'
'올해 안에 전교에서 1등한다!'
'반드시 명문 대학에 합격한다!'
'나는 나중에 변호사가 된다!'
'나는 의대를 졸업하고 의사가 된다!'

자신이 바라는 것을 종이에 적고 낭송하는 것을 습관화하길 바란다. 그리고 그 절실함으로 최선을 다해 노력해보라. 모든 성공자가 그랬듯이 여러분 역시 반드시 성공에 이르게 될 것이다.

06 하루쯤 날린다고 달라지겠어?

명문대에 합격한 공신들에게 어떤 자세로 공부했느냐고 물어보면 똑같은 답이 돌아온다.

"제가 바라는 목표를 생각하며 365일 한결같이 공부했어요."

물론 그들도 기계가 아닌 사람이기에 컨디션이 좋지 않을 때 하루쯤 은 쉬고 싶은 날도 있었을 것이다. 그러나 그들은 쉬고 싶은 마음을 꾹 눌러 참았다. 하루 쉬게 되면 그동안 해왔던 페이스를 잃는 것이 두려 웠기 때문이다. 인간의 마음은 간사해서 서면 앉고 싶고, 앉으면 눕고 싶고, 그러다가 자고 싶어진다는 것을 잘 알고 있었던 것이다.

공신들은 1년 365일을 한결같이 공부하는 공붓벌레들이다. 그들 역 시 처음에는 매일 책상에 앉아 공부하는 것이 고문과 같았다. 그러나 자신의 목표를 생각하며 공부하는 것이 습관이 되다 보니 어느 날부터는 그날 정한 공부를 다 마치지 못한 날은 기분이 찜찜하고 개운치 않았다. 즉, 공부하는 것이 습관화가 된 것이다.

나날이 업무에 집중해서 일하는 습관을 가진 직장인이 성과를 발휘하듯이 같은 자세로 공부하는 학생이 공부를 잘하게 마련이다. 자신에게 이로운 좋은 습관은 성공하는 습관이라고 할 수 있다. 그런데 처음에 좋은 습관을 들이기가 쉽지 않다. 습관은 한두 번이 아니라 여러 번 반복을 통해 자동화되고 학습된 결과이기 때문이다. 그러나 우리 운명은 습관에 의해 좌우된다는 것을 깨닫는다면 힘들어도 한결같이 공부하는 습관을 가져야 한다.

스페인 출신의 세계적인 작가 세르반테스가 말한다.

"날마다 조금씩 소홀히 하면 최후에는 아무것도 이루지 못한다."

자신이 바라는 대학에 합격하고 원하는 직업, 직장에 들어가고자 한다면 매일 매 순간 최선을 다해야 한다. 물이 가득 찬 독에 미세한 구멍이 나면 서서히 물이 새어 나가게 되듯이 매 순간 소홀하게 되면 인생은 밑 빠진 독이 되고 만다.

열등생들은 공통적인 특징이 있다. 그것은 공부를 할 때 몰입하지 못한다는 것이다. 예를 들면, 공부를 하는 내내 문자를 확인하거나 보낸다. 아니면 '지금 친구는 무엇을 하고 있을까?' 하고 딴 생각을 한다. 불안하고 막막한 자신의 미래를 떠올리며 소중한 시간을 허비하게 된다. 공부든 일이든 그 한 가지에 몰입할 때 성과를 발휘할 수 있다.

다음의 실험은 우리가 왜 한 가지 일에 몰입해야 하는지에 대한 답을 제시한다.

2009년 9월, 미국 스탠퍼드 대학의 연구 팀에서 동시에 여러 가지 일을 하는 멀티태스커들에 대한 실험을 진행했다. 연구팀은 각 대학교에서 멀티태스커 100명을 선발해 그들에게 화면에 빨간색 사각형 2개를 연달아 보여주면서 '빨간색이 위치를 옮겼는지 관찰하라'고 주문했다. 빨간색 사각형 주변에는 파란색 사각형들이 있었다.

한 번에 하나에 집중하는 일반 학생들은 파란색을 무시하고 빨간색만 보니 비교적 문제를 쉽게 맞혔다. 하지만 멀티태스커들은 일일이 파란색에 신경을 쓰느라 빈번이 틀리는 것이었다. 그래서 연구팀은 다른 가능성을 열어두었다.

'빨간색만 보라고 했는데 파란색까지 보다니, 혹시 멀티태스커들은 여러 가지를 기억하고 정리하는 능력이 뛰어난 것이 아닐까?'

이런 가능성에 착안해 연구 팀은 두 번째 실험을 진행했다. 실험대 상자들에게 알파벳 글자 여러 개를 보여준 뒤 같은 글자가 몇 번 겹치는지 세어보게 했다. 일반 학생들은 쉽게 맞추었다. 그러나 멀티태스커들은 실험할수록 틀리는 횟수가 늘었다. 여러 개의 알파벳을 머릿속에 입력만 하고 정리해서 저장하지 못했기 때문이었다.

'단순정리는 못할지 몰라도 한 가지 일에서 다른 일로 전환하는 능력을 뛰어날지 몰라. 아마도 변화가 많은 게임은 더 잘하지 않을까?'

연구 팀은 마지막으로 실험을 한 번 더 진행했다. 학생들에게 연속적으로 숫자나 글자를 보여주었다. 그리고 숫자가 나오면 짝수인지 홀수인지, 글자가 나오면 자음인지 모음인지를 맞추는 게임을 시작했다. 역시 이번에도 결과는 마찬가지였다. 하나에 집중하지 못하는 멀티태스커들은 빈번히 틀렸던 것이다.

이번 연구를 진행한 클리포스 내스 교수는 이렇게 결론을 내렸다.

"멀티태스커들은 특별한 능력이 있을 것이라는 가설을 미리 세워두고 실험을 시작했지만 멀티태스킹 능력이 뛰어날수록 주위가 산만하고 맡겨진 일의 완성도가 떨어지는 사람이라는 것이 밝혀졌다."

그는 덧붙여 말했다.

"멀티태스커들은 쓸데없는 정보를 빨아먹는 유령과 같았다. 불필요한 정보를 걸러내야 문제를 풀 수 있는데, 그들은 외부적인 것이든 마음속이든 떠오르는 것 모두에 신경을 쓰느라 무엇 하나도 제대로 하지 못하는 산만한 사람이다."

지금 하는 일에 집중해야 한다. 그래야 몰입이 되고 최상의 성과를 발휘할 수 있다. 공신들은 지금 하는 공부 말고는 절대 딴 생각을 하지 않는다. 하더라도 그날의 공부를 마친 뒤에 한다. 이것이 그들이 생산적인 공부를 할 수 있는 비결이다.

1928년 미국의 학자 틸만은 IQ가 130인 평균 7세의 아이들 500명을 대상으로 연구를 진행했다. 이후 틸만은 성인이 된 아이들 가운데 높은 성과를 거둔 상위의 20%와 성과가 없는 하위 20%의 아이들을 분석했다. 그 결과 놀라운 사실을 발견했다. 학습을 하는 습관에 따라 성인이 된 후 극명한 차이를 보인 것이다. 진취적이고 의지가 강해 무엇이든 배우려 했던 20%의 아이들은 성공한 반면에, 그렇지 않은 20%의 아이들은 별다른 성과 없이 평범하게 살았다.

문득 발명가 에디슨의 말이 떠오른다.

"나는 노력하지 않고 성공하려고 했던 적이 한 번도 없다. 사진술을 발명한 것 외에 행운의 후광을 입은 적도 없다. 일단 결심이 서면 나아가야 할 방향으로 용감히 나아갔고, 최종 결과를 얻을 때까지 실험을 반복했다."

세상에 공짜는 없다. 땀과 노력이라는 요소를 투입해야 바라는 것을 얻을 수 있다. 공신들은 이 사실을 잘 알고 있다. 그래서 매일을 한결같은 자세로 공부함으로써 원하는 만큼의 성적을 향상시킨다.

꿈을 이루기 위해선 성공하는 습관이 뒷받침되어야 한다. 그렇다면 습관은 어떻게 형성되는 걸일까? 습관이 형성되는 과정에 대해 구체적으로 살펴보자.

우리 뇌는 대뇌와 소뇌로 구성되어 있다. 대뇌는 크게 네 부분으로 나눌 수 있는데, 사람의 감정과 사고, 운동 등을 담당하는 전두엽, 공간에 대해 인지하고 감각정보를 조절하는 두정엽, 기억을 유지시키고 청각에 대한 정보를 처리하는 측두엽, 시각적인 각종 정보를 담당하는 후두엽이 그것이다.

대뇌 아래 위치한 소뇌는 운동중추와 손발의 움직임, 몸의 균형, 근육의 무의식적 움직임 등을 관리하는 일을 담당한다. 소뇌로부터 척수로 연결되는 연수는 일종의 신경 통로라 할 수 있는데, 뇌가 지시한 명령을 몸 전체로 전하는 일을 맡는다. 혈압, 심장박동, 호흡 등 생명을 유지하기 위해 필요한 기능을 담당한다.

우리 뇌는 신경계의 기본 작용단위인 뉴런과 신경세포로 이루어져 있다. 사람은 약 1,000억 개 이상의 뉴런을 가지고 태어나는데 나이가 들어가면서 그 숫자가 줄어들게 된다. 각각의 뉴런에는 세포체와 수상돌기가 있다. 이것은 다른 뉴런으로부터 정보나 연락을 취하면서 네트워크를 형성한다.

수많은 뉴런은 신경세포 하나에 평균 1만 개 이상이 붙어 있는 시냅스를 통해 연결된다. 시냅스에 자극이 전해지면 흥분신호를 받아들여서 전달하는 것이다. 즉 어떤 자극이 생기면 이에 대해 반응하고 정확한 판단 과정을 거쳐 행동을 지시하게 된다.

공부를 습관화하기 위해선 공부라는 자극을 시냅스에 끊임없이 전달해야 한다. 그래야 뉴런들과 시냅스 간에 공부 회로가 생성되기 때문이다. 처음에 공부 회로를 형성하기까지 매우 고통스럽지만 일단 공부 회로가 생성되고 나면 그 후로는 저절로 공부하게 된다. 이것이 바로 습관화의 힘이다.

좀 더 즐거운 마음으로 공부하는 방법이 있다. 공부를 하기 전에 자신이 목표로 하는 대학을 상상하는 것이다. 상상 속에서 그 대학의 교정을 거닐어보거나 학과 친구들과 수다도 떠는 상상, 멋진 이성친구와 데이트를 하는 상상을 하는 것이다. 그런 긍정적인 상상은 공부에 대한 동기를 유발시켜 즐거운 마음으로 공부할 수 있도록 돕는다.

미국 클리블렌드 병원 신경과학자 광예 박사는 실험자들을 대상으로 상상을 통해 근육을 키우는 훈련을 실시했다. 실험은 팔이나 손가락을 특정한 부위에 올려놓은 후 마음속으로 근육을 강하게 수축시키는 상상 훈련을 매회 10~15분 정도, 총 50회 반복하는 것으로 진행됐다. 4개월간의 훈련 결과 젊은 사람이든 노인이든 가릴 것 없이 평균 15% 정도 근육이 강화되었다.

시냅스를 연결하는 정보에는 직접적인 경험뿐 아니라 '상상'이라는 가공의 경험도 포함된다. 우리 뇌는 직접적인 경험과 상상에 의한 경험을 구분하지 못하기 때문이다. 진짜 레몬이든 상상 속의 레몬이든 생생하게 상상하면 입 안에 침이 고이게 된다. 이러한 뇌의 맹점을 잘만 활용하면 얼마든지 공부에 대한 동기부여가 가능하다.

꿈을 이루고 싶다면 365일 한결같은 자세로 공부하라. 여러분이 어떤 꿈을 꾸더라도 그 꿈은 공부에서 비롯된다는 것을 잊어선 안 된다. 자, 지금부터 당장 합리적인 계획표를 세워 계획표대로 실천하라. 목표에 대한 두려움은 목표를 이룬 자신의 모습을 생생하게 떠올리며 날려버리길 바란다.

07 공부는 누구도 아닌 나를 위한 것이다

언젠가 인천의 한 고등학교에서 진행된 특강에서 나는 다음과 같이 물었다.

"여러분은 누구를 위해 공부한다고 생각합니까? 공부를 잘하면 누가 가장 좋을까요?"

그러자 학생들은 저마다 대답을 했는데 다음의 말이 지금까지 기억에 남는다.

"저를 위해 공부한다고 생각해요. 제 인생은 다른 사람이 대신 살아줄 수도 없기 때문에 제가 책임지지 않으면 안 됩니다. 제가 인생을 책임지기 위해선 공부해야 합니다. 만약에 지금 공부하지 않으면 원하는 대학에 들어갈 수도 없고, 그러면 제가 꿈꾸는 미래와 멀어지게 되니다. 지금 하는 공부는 누구도 아닌 저를 위해 하는 것입니다."

그 때 강연이 끝난 후 그 학생에게 내 책 한 권을 사인해서 선물로 주었다. 공부는 누구도 아닌 나를 위한 것이다. 지금 공부하는 학생들은 부모님이나 선생님, 친구를 위해 공부하는 것이 아니다. 오로지 자신의 꿈과 인생을 위해 하는 것이다. 힘들더라도 최선을 다해 공부해야 하는 이유가 여기에 있다.

공신들은 누구보다 공부는 자신을 위해 하는 것임을 잘 알고 있다. 그래서 그들에게 공부는 세상에서 가장 즐거운 놀이와 같다. 공부 하나로 얼마든지 원하는 미래를 창조할 수 있다고 믿기 때문이다.

아이비리그는 미국 최고의 대학들이 모여 있는 곳이다. 이곳에서도 명문인 펜실베이니아대학과 스탠퍼드대학에 2011년 용인외고의 박준성 군과 이태신 군이 합격했다. 그런데 문제는 두 사람의 공부 비법이 특별하지 않았다는 사실이다. 오히려 너무나 평범하기까지 했다. 남이 시켜서가 아닌 스스로 동기부여를 하며 목표를 향해 꾸준히 노력한 것이 거의 유일한 그들의 합격 비결이다. 물론 스스로 하는 노력은 누구보다 독하게 했음은 당연하다.

스탠퍼드대학에 합격한 이태신 군은 사교육 도움을 거의 받지 않았다. 그것도 미적분이 너무 어려워 두 달간 학원에 다닌 것이 전부다.

그는 자신만의 공부 철학이 있다. 학업과 진학에서 누구에게도 의존하지 않는다는 것이다. 학교에서의 평가, SAT, AP, ACT, 토플 등 모든 시험을 스스로 준비했다. 그는 "만약 누군가에게 의존했다면 스스로에게 의미도 없을 뿐더러 지금과 같은 결과도 얻지 못했을 것"이라고 말한다.

그렇다면 SAT는 혼자서 어떻게 공부했을까? 집에서 혼자 문제집을 푸는 방식을 택했다. 단어를 하루에 100개씩 외웠는가 하면, 4시간 정도 걸리는 모의고사를 쉬는 시간도 없이 하루에 평균 한 개씩 꼬박 한 달 동안 풀기도 했다.

그는 자신의 공부 비결에 대해 이렇게 말한다.

"특별한 공부법은 없어요. 앞에 책을 펴놓고 지칠 때까지 공부하다가 잠깐 쉬고 다시 공부하는 거예요. 지금 하는 공부에만 열중하고, 스스로 충분하다고 생각될 때까지 마음을 비우고 공부했어요."

그는 학교 수업이 무엇보다 중요하다고 강조한다.

"저는 학교 수업이 가장 중요하다고 믿고 있어요. 그래서 수업을 따라가기 위해 어떤 노력도 불사했죠. 수업 중 졸릴 때는 얼굴에 손자국이 날 정도로 제 뺨을 때리기도 했고, 마시던 물을 머리 위에 부었던 적도 있어요.

펜실베이니아대학의 헌츠만 프로그램(Huntsman Program)에 합격한 박준성 군. 그는 자신의 합격 비결로 GPA, 즉 고교 성적을 첫 번째로 꼽았다.

"고교 3년간 제 GPA 평균은 4.96입니다. 고1 때 2과목을 B 받은 것 외에, 고3 때까지 모든 과목에서 A를 받았어요. 항상 모든 것의 기본은 내신 성적이라고 보고, 학교 공부를 소홀히 하지 않았습니다. 보통 새벽 1시 또는 1시 30분까지 공부했어요. 자기 자신에게 관대하지 않게 공부한 것이 저만의 특별한 공부법이라 할 수 있어요."

박준성 군이 합격한 헌츠만 프로그램은 비즈니스스쿨 랭킹 1위로 유명한 펜실베이니아대 와튼스쿨에 기반을 두면서 국제관계에도 초점을 맞춰 2개의 학위를 동시에 받을 수 있는 과정이다. 제2외국어까지 모국어처럼 구사할 수 있어야 졸업을 할 수 있다. 전 세계에서 매년 50명 이하의 학생만 선발하는 세계 최고 수준의 과정으로 알려져 있다.

공신들의 이야기를 들어보면 "그냥 공신이 아니구나."라는 생각이 든다. 수업 중에 졸음이 쏟아지면 자신의 뺨을 때리거나 마시던 물을 머리 위에 붓는다는 말에 정말 독하다는 생각이 든다. 사실 한 분야에 최고가 된 사람들은 모두 독한 면이 있다. 독한 면이 없이는 결코 비범해질 수 없기 때문이다.

지금은 시간이 좀 흘렀지만 미국 대학입학시험인 ACT(American College Testing)에서 만점을 받은 학생이 있다. 그녀는 김지선 양으로 미국 명문 스탠퍼드대에 합격하고, 삼성 장학금 수혜자로도 뽑혀 대학 학자금 전액을 지원받았다.

이런 사실을 들으면 학생들은 그저 부럽다는 생각이 들 수도 있지만 그녀 역시 다른 공신들과 마찬가지로 그저 쉽게 얻어낸 결과가 아니다. 지독한 노력이 뒤따랐음은 물론이다. 그녀는 자신의 꿈을 위해 고등학교 3년 내내 방학 때마다 대학 실험실에서 인턴 생활을 했다. 그런 과정에서 여러 분야를 고루 연구할 수 있었다.

김지선 양은 당시를 이렇게 회상한다.

"고려대 화학공학과 연구실에서 한 단백질 연구, 전남대 생물공학과 연구실에서 한 천연 구강청정제 개발, 세종대 생명공학과 연구실에서 한 옻으로 만든 종이 개발 등이 기억에 남아요. 미국 대학 진학을 목표로 입시준비를 하면서 과학실험까지 계속하는 게 힘들었지만, 제가 연구한 결과를 모아 논문을 쓸 때면 뿌듯한 보람을 느꼈죠."

그녀는 그중에서 자신이 가장 힘들었던 과목을 역사와 사회 과목이었다고 말한다. 가장 약했던 과목이었던 만큼 독한 마음으로 공부했다.

"그 과목을 두 학기 동안 들었는데 성적도 잘 안 나왔어요. 두 번째 학기 마지막 시험을 앞두고 계산해보니 그 시험에서 만점을 맞아야만 A학점을 받을 수 있더라고요. '이번에 한번 해보자'고 결심하고 책이 너덜너덜해질 때까지 되풀이해서 읽었죠. 그렇게 해서 결국 100점을 맞고 나니 수학·과학 과목에서 1등 했을 때보다 훨씬 더 기뻤어요."

김지선 양은 첨단 뇌 의학을 연구해 지금까지 의학이 해결하지 못한 불치병 치료에 이바지하는 과학자가 되는 것이 꿈이다.

"어린 시절 친한 친구가 백혈병으로 세상을 떠난 뒤부터 불치병 치료 분야에 관심을 갖게 되었어요. 의학의 한계로 남아 있는 문제들을 해결하는 데 과학자로서 인생을 걸고 싶습니다."

미국의 제26대 대통령 시어도어 루스벨트가 다음과 같이 말했다.

"나는 꿈이 없고 비전이 없는 사람은 쓸모없다고 생각해왔지만, 자신의 꿈과 비전을 조금이라도 실현하기 위해 자기 행동을 바꾸는 실제적인 노력이 없다면 그 역시 쓸모없는 사람이다."

공부는 자신의 꿈을 실현하기 위한 하나의 과정이다. 사회 주류층 사람들을 보면 명문대 출신인 경우가 많다. 학창 시절 공부에 전부를 걸었던 사람들이라는 것이다. 그들이 학창 시절에 공부를 소홀히 했다면 많은 기회를 놓쳤을 테고, 지금의 자리에 오르지 못했을지 모른다.

'공부'는 인생이 주는 선물이다. 지금 어떤 환경에 있든 공부를 통해 지금보다 더 나은 미래를 설계할 수 있기 때문이다.

학생 여러분, 지금 당신들에게 주어진 공부라는 선물을 포장지도 뜯지 않은 채 그냥 방치하지 않기를 간절히 바란다.

08 10년 후, 나는 어떤 모습일까?

성공하는 사람들은 항상 미래를 내다보며 치열하게 산다. 즉 그들은 10년 후, 자신의 모습을 떠올리며 그렇게 되기 위해 노력한다는 것이다. 영화배우 장근석은 2010년 가진 올림픽공원 올림픽홀에서 열린 팬미팅에서 "10년 후, 나의 꿈은 디너쇼"라고 밝힌 바 있다. 그리고 8년이 지난 지금 장근석은 팬들과의 디너쇼만이 아니라 다양한 선행까지 펼치고 있다. 그는 2018년 올해도 추운 겨울 쪽방 거주민들을 위해 12월 1일 서울시립 영등포쪽방상담소에서 서울 사회복지공동모금회를 통해 연탄 1만 3천장을 기부했다. 장근석은 6년째 지금까지 모두 3억 2천여만 원가량을 기부했다.

꿈이 있는 사람에게 있어 10년 후 자신의 모습을 상상하는 것은 매우 중요하다. 나침반을 가지고 인생 여행길을 떠나는 것과 같기 때문이다.

나는 얼마 전 경기도 안산에서 가진 중학교 특강에서 학생들에게 미리 준비해간 종이를 나눠주며 10년 후 자신의 모습에 대해 적어볼 것을 주문했다. 그러자 학생들은 다양한 모습을 그렸다.

'작은 빵집 가게 사장이 되어 아침마다 맛있는 빵을 구워내는 모습.'
'초등학교 교사가 되어 아이들을 가르치는 모습.'
'변호사가 되어 어려운 사람들을 위해 열정적으로 변호하는 모습.'
'자동차 디자이너로서 멋있고 개성 있는 자동차를 설계하는 모습.'

10년 후, 20년 후 자신의 모습을 생생하게 떠올릴 줄 아는 사람은 분명 그러한 인생을 살게 된다. 생생하게 상상할 수 있다는 것은 현재 그런 사람이 되기 위해 최선을 다하고 있다는 방증이기 때문이다.

나 역시 20년 전 존재감 없이 살던 시절이 있었다. 당시 나는 생활비가 없어 혜화동에 위치한 고시원에서 사흘을 물만 마시며 굶어야 했다. 그때 나는 세상에서 가장 가혹한 것이 굶주림이라는 것을 깨달았다. 배고픔을 참다못해 고시원의 공동 냉장고에 들어 있던 다른 사람의 계란을 꺼내 구워먹기도 했다. 지금 이 자리를 빌어 내가 구워먹었던 계란의 주인에게 죄송하다는 말을 꼭 전하고 싶다.

내 인생에서 가장 최악이었던 시절, 나는 아무리 힘들어도 꿈을 잊지 않았다. 항상 10년 후 내 모습을 떠올리며 내가 꿈꾸는 인물이 되기 위해 최선을 다했다. 그러기 위해 잡지사에 들어가 기자생활을 하며 생활비를 벌었는가 하면, 퇴근 후 매일 반드시 일정량의 글을 썼다. 힘들었던 그 시절에 꾸준히 글을 쓰고 버틴 힘은 오늘날 나를 작가이자 성공한 사람으로 만드는, 가장 기본적인 바탕과 저력이 되었다.

지금도 내 책상에는 오늘의 목표와 주간 목표, 한 달 목표, 1년 목표, 10년 후 목표가 있다. 주간 목표는 일주일간 어떻게 살아야 할지를 알려준다. 한 달 목표, 1년 목표 역시 마찬가지다. 그날 처리해야 할 목표는 메모지에 적어 눈에 잘 띄는 곳에 붙여둔다. 그리고 목표를 하나씩 해낼 때마다 떼 낸다. 그러면 일의 처리 현황을 실시간으로 확인할 수 있어서 편리하다.

그러나 나 역시 가끔 슬럼프에 빠질 때가 있다. 그럴 때도 막연히 손을 놓고 시간을 허비하지 않는다. 10년 후 미래를 생생하게 떠올려보는 것이다.

'10년 후 내 모습은 어떨까?'

오감을 동원해 10년 후 내 모습을 그려본다. 펴냈다 하면 수십만 부가 팔리는 베스트셀러 작가가 되어 있는 모습, TV 방송에 출연해 열정적으로 강연을 하는 모습, 가정 형편이 어려운 학생들에게 도움을 베푸는 장학재단을 세운 모습 등을 생생하게 떠올려본다. 그 이상도 떠

올려 본다. 상상과 함께 이런 질문도 떠올려본다.

'그렇게 되기 위해 지금 나는 어떻게 해야 하지?'

역시 다양한 대답이 떠오른다. 그중에서 이 대답이 가장 동기부여가 강하다.

'지금 하고 있는 일에 집중하라!'

나도 모르는 사이에 가슴에는 열정이 끓어오른다. 어느새 슬럼프는 자취를 감추고 없다. 이게 바로 내가 즐겨 쓰는 동기부여 비법이다. 그리고 10년이 더 지난 지금 나는 그렇게 종이 위에 써놓은 내용 가운데 대부분의 것을 현실에서 진짜로 달성하고 이루어냈다.

미래를 향한 직업을 상상하고 꿈꿔라

미래학자 앨빈 토플러는 2007년 6월에 서울 보성고등학교 대강당을 찾았다. 그때 그는 다음과 같이 말했다.

"정보화 시대 직업의 세계는 정적인 세계가 아니라 역동적인 세계이다. 급격히 변화하는 시대에 하나의 직업을 가지고 평생 갈 것이라고 생각해선 안 된다. 미래에 유망한 직업은 '이것'이라고 단정할 수 없다. 2000년대는 변화가 가속화하는 시대이므로 오늘 직업이 내일 없어질 수 있고, 오늘 하고 싶은 일이 내일은 하고 싶지 않을 수도 있다."

강의에 이어진 질문 시간에 한 학생은 정보 시대에 유망한 직업과 학과에 대해 물었다. 그러자 그는 이렇게 답했다.

"각자의 적성에 따라 다를 것이다. 분명한 것은 근육이 아닌 머리를 쓰는 일을 해야 한다. 특히 상상력이 중요하다. 당장 눈앞에 있는 직업보다는 10~20년 후에 유망할 직업을 생각해야 한다."

10년, 20년 후 자신의 모습을 생각하며 현재를 살아야 한다. 그래야 급변하는 시대에서 생존을 넘어 성장할 수 있다. 자신의 분야에서 일가를 이룬 사람들은 미래를 내다보며 오늘을 치열하게 살았던 사람들이다. 그들은 어떤 어려움 속에서도 미래라는 북극성이 있었기에 흔들리지 않고 자기 길을 갈 수 있었던 것이다.

대한민국 A급 강사, '자기경영' 분야에서 베스트셀러 제조기라는 별명을 가진 공병호연구소 공병호 소장. 그는 대표적인 동기부여 전문가로 꼽히고 있다. 그가 90분 외부강연을 하고 받는 강연료는 평균 200만~300만 원에 달한다. 하루 두 번 강의하면 그 수입이 웬만한 사람의 월급을 뛰어넘는다. 심지어 '공병호아카데미'를 통한 하루 수입만 1,000만 원을 육박할 정도다.

그렇다면 그는 어떻게 해서 지금과 같은 위치에 올랐을까? 잠시 그의 프로필을 살펴보자. 공병호 박사는 잘 알려진 대로 경제학박사다. 1979년 고려대 경제학과에 입학해 1983년 졸업하고 그해 미국 텍사스 주 휴스턴에 있는 라이스대 박사과정에 입학 후 4년째 되던 1987년 경제학 박사학위를 마쳤다. 그리고 1988년부터 1997년까지 국토개발연구원과 한국경제연구원에서 근무했다. 그리고 그는 1997년 4월 자유기업센터 초대 소장을 맡기도 했다.

2000년 2월에는 재단법인 자유기업원을 출범시키는 데 성공한 그는 1년 후인 2001년, 자신의 이름을 내건 경영연구소를 설립하기로 결심했다. 이것이 지금의 '공병호연구소'의 시작점이었다. 그는 경영과 경제 전반에 대해 대중적 글을 쓰면서 강연과 기고, 방송, 경영컨설팅 등으로 새로운 영역을 개척해 나가겠다는 목표를 설정했다.

그는 1인 기업을 시작한 이유를 이렇게 말했다.

"자유기업센터를 독립시키는 과정에서 젊은 부자들을 많이 만났다. 그 만남은 저에게 신선한 충격과 동시에 가치의 위기를 느끼게 했다. 세상의 변화를 감지한 것이다. 지금껏 내가 살아온 삶이 전부가 아니라는 회의가 들었다. 경제력이 곧 파워라는 사실을 깨달았던 것이다."

그는 자신을 지금의 위치에 오르게 한 성공 법칙으로 '10-10-10' 원칙을 강조한다. 인생을 크게 10년 단위로 나누어 미래를 설계하라는 것이다.

"'10-10-10'이라는 숫자가 떠오른다. 내 인생에서 처음 '10'은 고교 시절, 대학시절, 유학시절을 합쳐 얼추 10년 동안의 준비기간이 있었다. 다음의 '10'은 한두 번 정도의 전직을 통해 자리를 잡을 수 있는 직장을 잡고 그곳에서 전력투구하면서 보낸 10년이었다. 전문가로서 평생을 살아갈 수 있는 지적 토대와 내 자신의 브랜드를 만들어내는 기간이었다. 끝으로 '10'은 2001년부터 시작되는 10년으로, 조직생활을 청산하고 자신의 일을 통해 스스로 만들어가는 10년이었다. 그동안의 삶과는 완전히 다른 10년이었고, 그 10년의 후반기에 접어들면서 앞과 뒤, 좌와 우를 둘러볼 수 있는 여유를 가질 수 있었다. 우연의 일치일 수도 있지만, 지나온 30여 년의 세월 동안 10년 터울로 삶의 굵은 매듭을 지어왔다.

이제 나이는 장년기에 접어들었고 '앞으로 10년을 나는 어떻게 살 것인가'라는 질문을 내 자신에게 진지하게 던져보게 된다. 젊은 날보다는 불확실함은 훨씬 줄어들었지만 반면에 선택 가능한 대안들도 한층 줄어들게 됐다. 훤히 보이는 선택 대안들 가운데 자신의 목소리에 맞추어서 충실하게 살아가는 일이 내 인생의 남은 과제다. 10년이란 시간은 물리적으로는 그렇게 긴 시간처럼 보이지 않지만 한 사람의 삶에는 굵직한 족적을 남길 정도로 긴 시간이었다. 그렇다면 앞으로 10년도 분명히 그럴 것이다."

공병호 소장은 또 이렇게 덧붙였다.

"나는 10년 전 일기장에 적어 놓았던 목표를 10년이 되기 전에 달성하곤 한다. 그런 나를 마지막까지 지켜주는 것은 '자기경영'이다."

역시 공병호 박사 같은 성공한 사람들이 걸어온 행보는 보통 사람들과 다르다. 그들의 성공은 '10년 후, 나는 어떤 모습을 하고 있을까?' 하는 자기 질문에서 비롯되었다고 해도 과언이 아닐 것이다.

10년 후, 자신의 모습을 생생하게 떠올릴 수 있는 사람은 성공을 예약해놓은 사람이다. 사람은 자신이 생각하는 대로 되기 때문이다. 10년 후, 여러분은 어떤 모습을 하고 있는가? 10년 후 미래를 떠올렸을 때 행복한가? 아니면 불행한가? 만일 불행에 가깝다면 지금 당장 10년 후, 자신의 모습을 생생하게 떠올려보라.

김현근 씨는 한국과학영재학교 1기 입학생으로, 3년 내내 올A 학점을 받으며 수석 졸업해 미국 프린스턴대학에 특차로 합격했다.

그는 "공부를 잘할 수 있는 마법은 없다."라고 단언한다. "기본을 지킬 때 성적이 올라간다. 기본은 모두가 알고 있지만 정말로 기본을 실천하는 사람은 10~20%다."라고 강조한다. 그에게 공부의 기본은 학교 공부에 충실히 집중하는 것이다.

1. 한마디도 놓치지 않겠다는 마음으로 수업에 집중하라
2. 필기는 노트가 아니라 교과서에 하라
3. 시험 전 교과서는 5번 정독하라

김현근 씨는 모든 공부의 시작과 끝은 학교 수업이라고 강조한다. 한마디도 놓치지 않겠다는 마음으로 탈진할 때까지 수업에 집중했다고 한다.

"학년 초에는 극성맞다 싶을 정도로 수업을 열심히 들었다."

또한 그는 모든 필기를 교과서에 할 것을 강조한다. 노트를 따로 작성하면 나중에 두 가지를 공부해야 하기 때문에 부담이 되고 비효율적

이다. 필기를 교과서에 하면 학습 부담도 줄고, 필기한 내용과 교과서 본문이 어우러지면서 효과적인 이해·암기를 돕는다.

시험을 치기 전에는 교과서를 5번 정독하기를 권한다. '단순히 글자 읽기가 아니다. 학교 수업에 집중했던 사람에게는 수업을 5번 연상하는 것'이다. 수업을 들었기 때문에 수업 장면을 머릿속에서 시뮬레이션 하게 되고, 전체적인 흐름이 잡히면서 교과서를 입체적으로 읽을 수 있다.

4장

공부는
미래를 향한 성장이다

01 공신들의 성공 스토리를 읽어라

나는 평소 성공한 사람들의 성공 스토리를 즐겨 읽는 편이다. 그러면서 나 자신에게 질문을 한다.

'이 분은 어떻게 성공했을까?'
'나도 이 분처럼 내 분야에서 성공하려면 어떻게 살아야 하나?'

성공한 사람들이 걸어간 길을 살펴보는 것만으로도 나 자신에게는 채찍질이 되어 정신무장이 된다. 지금보다 더 나은 인생을 살고 싶은 사람, 꿈을 실현하고자 하는 사람들은 성공 스토리를 자주 접해야 한다. 때로 꿈과 목표를 향해 나아가다 보면 뜻대로 되지 않아 실망하고 좌절할 때가 있다. 그때 성공한 사람들의 성공 스토리를 접하면 큰 힘이 된다.

나는 10대들에게 "공신들의 성공 스토리를 자주 읽어라."라고 조언한다. 특히 학교가 직장이고 공부가 본분인 10대들에게 공신들의 성공 스토리만큼 공부에 대한 동기부여를 해주는 책도 없다. 공신들의 공부했던 모습을 보며 더욱 분발하게 된다.

'지금 내가 하는 공부의 양은 아무것도 아니구나!'
'저 사람도 가난 속에서도 서울대에 합격했는데, 왜 나라고 못해!'

'연봉 10억, 골드미스, 스타 강사'라는 화려한 타이틀을 달고 있는 유수연. 그녀가 오래전에 쓴 『20대, 나만의 무대를 세워라』라는 책이 인상 깊었다. 책에서 그녀는 이렇게 말한다.

"공부가 아니더라도 무엇이 됐든 2년만 죽었다 생각하고 올인하면 대부분 원하는 것을 얻을 수 있다. 무엇을 해야 할지 모르겠다는 친구들이 제일 한심하다. 일단 움직여라. 사진을 배운다면 사진 아르바이트도 뛰고, 경력도 쌓고, 동호회도 나가도, 공모전에도 도전해라. 그저 방 안에서 인터넷만 뒤지고 있지 마라. 그리고 내가 선택하지 않은 길을 기웃거리지 마라. 내가 가지 못한 길에는 항상 미련이 남는다. 그 미련에 흔들리면 결국 어떤 길도 내 것이 될 수 없다."

"스물세 살, 영어도 못하고 컴퓨터도 못하고 집안도 외모도 평범 그 자체인 수도권 대학을 다니는 여학생. 나는 우리나라에 더 이상 흔할 수 없는, 전형적인 20대였다. 월, 화, 수, 목, 금, 토, 일과 같은 간단한 영어 단어조차 헷갈릴 정도로 영어 실력이 형편없었고, 그 흔한 컴퓨터 자격증 하나 없었다. 그렇게 한심한 스물세 살 여학생이 어느 날 무작정 비행기를 타고 호주로 유학을 떠났다. 3개월 만에 어학연수과정을 통과하고 호주 대학에 입학한 후 통역관으로 취업하기에 이르렀다. 하지만 그녀는 호주 유학에 만족하지 못하고 경영학 석사과정을 밟기위해 다시 영국행 비행기를 탔고, 결국 석사학위를 따고 귀국해 지금은 연봉 10억을 버는 스타 강사가 되었다."

책에서 유수연은 초라했던 자신의 20대의 경험을 고스란히 고백하고 있다. 이는 젊은이들이 어떤 자세를 견지해야 할지 직접적으로 알려준다. 그녀는 어떤 힘든 상황에 처해 있더라도 스스로 무장한다면 지금의 초라한 인생이 미래에는 화려하게 거듭날 수 있다고 말한다.

나 역시 지금 내가 하는 일에서 더 잘하기 위해 성공자들의 성공 스토리를 자주 읽는다. 최근 마크 빅터 한센과 제임스 G. 알렌이 함께 쓴 『행복한 부자의 닭고기 수프』를 감명 깊게 읽었다. 특히 책의 마지막 부분에 기술되어 있는 마크 빅터 한센 성공 스토리, 즉 파산상태에 처했던 자신이 어떻게 해서 베스트셀러 작가가 되었는지에 대한 부분에 특히 눈길이 갔다.

잠시 성공 스토리를 여러분과 공유했으면 한다.

그가 1974년 파산 상태에 처했을 때 그를 구해준 것은 최고의 강사이자 국립 강사 협회의 창설자인 카벳 로버트의 〈당신은 원인인가, 결과인가?〉라는 강의 테이프였다. 그는 그 테이프를 무려 287번이나 반복해서 들으며 영감을 얻을 수 있었다.

카벳의 가르침에 고무된 그는 카벳에게 편지를 썼다. 그리고 얼마 후 놀랍게도 카벳에게서 답장이 도착했다. 35,000원을 보내면 새로 창설된 자신의 조직인 전국 강사 협회에 참여할 수 있다는 내용이었다. 그러나 불행히도 당시 그에게는 35,000원은커녕 첫 집회에 참석하기 위해 뉴욕에서 피닉스까지 갈 항공료도 없었다. 그러나 그 집회에 너무나 가고 싶은 간절한 마음에 돈을 빌려 참석했다.

그 집회에서 그는 가슴 뛰는 꿈을 발견할 수 있었다. 강연사업의 거물이 되겠다는 열망을 생생하게 느낀 것이다. 그때 카벳은 그에게 이렇게 조언했다.

"공개 강연자로 활동하려면 책을 써야 합니다. 자기만의 경험을 토대로 책 한 권 전체를 쓸 수 없을 것 같으면, 공동 저술을 하세요."

카벳이 제시한 아이디어가 그의 마음을 사로잡았다. 이내 그는 자신이 꿈을 실현하기 위해 어떻게 행동해야 하는지 깨닫게 되었다. 그는 옆자리에 앉아 있던 처음 알게 된 케이스 디그린이라는 사람에게 다가가 물었다.

"혹시 당신은 실력 있는 편집장인가요?"
"한때는 법학 잡지사의 사장이었죠."

그는 케이스 디그린에게 공동 저술을 제안했다.
"우리 책의 한 챕터를 쓸 권리를 지금 여기 있는 18명에게 각각 200
만 원씩에 파는 거예요. 책 한 권을 인쇄하는 데 2,000만 원 정도 드니
까 그 사람들은 1,000권의 인쇄 대금을 미리 지불하는 셈이죠. 그들이
1,000권의 책을 1만 원에 팔면 1,000만 원의 수익도 올리고, 자기 이
름으로 나온 책도 갖게 되는 겁니다."

그렇게 해서 그는 책을 쓰기도 전에 18명으로부터 3,600만 원을 마
련할 수 있었다. 그리고 그 돈으로 책을 인쇄했고, 마침내 『일어서서
말하라, 승리할 것이다』라는 책을 출간할 수 있었다. 그는 책 판매를
위해 무료 강연을 하며 2억 원의 수익을 올릴 수 있었다. 그리하여 그
는 재정 파탄 상황에서 벗어날 수 있었을 뿐 아니라 새로운 인생을 시
작하게 되었다.

마크 빅터 한센은 15년 후 잭 캔필드와 함께 공개 강연자로 활동하
게 되었다. 그때 매우 감동적인 이야기 하나에 청중의 반응이 완전히
달라진다는 것을 알게 되었다. 두 사람은 감동적인 이야기들을 책으로

엮어 출간하자는 아이디어를 떠올렸다. 그렇게 해서 세상에 나온 것이
『영혼을 위한 닭고기 수프』였다.

그러나 책 출간은 순탄치 않았다. 출판사로부터 수백 번의 거절을
당했다. 그러던 중에 두 사람이 초판 2만 부를 구매하면 출간해주겠다
는 출판업자를 만나게 되었다. 그들은 그 제안을 받아들이고는 강연을
할 때마다 아직 출간되지 않은 책을 청중들에게 판매했다. 출간 당시
는 판매고가 저조했지만 입소문을 타면서 매년 수백만 권씩 팔려나갔
다. 1994년에 처음 출간되어 지금까지 『10대를 위한 닭고기 수프』, 『엄
마를 위한 닭고기 수프』 등 제목이 다른 200여 권의 책이 나왔다.

나는 마크 빅터 한센의 성공 스토리를 통해 많은 영감을 얻었다.

'아, 그런 방법이 있었구나!'
'역시 간절히 바라면 이루어지는구나!'
'나도 마크 빅터 한센이 썼던 방법을 활용해봐야지!'

사람은 나보다 더 잘나거나 성공한 사람들의 이야기를 통해 자극을
받고 더 열심히 살게 된다. 또한 성공한 그들을 통해 지금 내가 제대로
살고 있는지도 파악하는 잣대가 되기도 한다.

여러분에게는 지금 공부가 전부라고 할 수 있다. 누가 더 책상에 오

래 앉아 공부에 집중하느냐에 따라 미래의 명암이 갈린다. 따라서 공부하라, 지금보다 더 열심히 공부하라. 때로 공부가 힘들거나 누군가의 위로와 격려가 필요할 때 공부 하나로 인생을 역전시킨 공신들의 성공 스토리를 읽어라.

지금 하는 공부는 훗날 사회생활에 나갔을 때 경쟁자를 쓰러뜨릴 수 있는 마지막 탄환이라고 생각하라!

02 구체적인 목표는 구체적인 실천을 필요로 한다

세상에는 두 부류의 사람이 있다.

'성공하는 인생을 사는 사람'과 '실패하는 인생을 사는 사람.'

전자와 후자의 차이점은 무엇일까?

구제적인 목표를 가졌는가, 그렇지 못한가? 구체적인 실천을 하는가, 그렇지 않은가?

바로 이것이다. 과녁이 보이지 않는 상황에선 그 어떤 명사수라도 절대 명중시키지 못한다. 구체적인 목표 없이는 그 무엇도 이룰 수 없기 때문이다.

공신과 비공신의 차이도 마찬가지다. 공신은 다음 시험에서 성적을 몇 점 더 올릴 것인지, 전교에서 몇 등 안에 들 것인지 등에 대한 구체적인 목표가 있다. 그 목표를 이루기 위해 구체적인 계획을 세워서 하루하루 성실하게 생활한다. 이것이 바로 비공신들이 궁금해하는 공신들의 공부 비법이다. 대다수가 '시시하다'고 여길지 모른다. 하지만 세상의 모든 성공 공식은 생각보다 간단하고 시시한 법이다.

그러나 비공신은 어떨까? 구체적인 목표 없이 그저 '다음 시험에는 좋은 성적을 받고 싶다'고 생각한다. 목표가 없으니 계획이 있을 리 만무하다. 그러니 늘 성적은 제자리걸음인 것이다.

빈민국 가운데 하나인 방글라데시에서 30년 넘게 기업가로 활동하고 있는 무하마드 유누스. 그는 2006년 노벨 평화상 수상자이자 그라민 은행의 창업자이기도 하다. 그는 빈민국의 가난한 여성들이 가난에서 벗어나 경제적으로 자립할 수 있도록 돕고 있다. 가난한 여성들의 경제적 자립을 돕는 것이 그의 구체적인 목표인 셈이다.

그렇다면 그는 가난한 여성들에게 무엇을 가르치는 걸까? 자신의 목표를 이루기 위해 무엇을 실천하고 있는 걸까? 그의 말에서 답을 찾을 수 있다.

"우리는 방글라데시의 가난한 여성들에게 돈을 빌려준다. 그들은 3

만~4만 원 정도의 돈을 빌려 소규모 사업을 시작한다. 사실 규모가 너무 작아 사업이라 부르기도 민망할 정도다. 하지만 겉보기야 어떻든 사업인 것만은 틀림없는 사실이다. 규모가 작다고 사업의 중요성이 떨어지는 것은 아니기 때문이다. 한 단계의 사업을 끝내면 다음 단계의 사업을 시작한다. 이런 과정을 그들은 가난에서 벗어날 때까지 반복한다."

무하마드 유누스는 선진국 사람들에게는 쌈짓돈에 불과한 액수의 돈으로 그동안 수십만 명의 가난한 여성을 경제적 자립으로 이끌었다. 그는 이런 방식으로 1억 명이 넘는 전 세계 가난한 여성들에게 빠르게 돈 버는 법을 가르치고 있다.

그는 이렇게 말한다.

"인간은 누구나 막대한 잠재력을 가지고 있다. 단지 자신들이 아는 것, 자기 내면에 잠들어 있는 것을 찾아낼 기회를 얻지 못했을 뿐이다."

그렇다. 누구나 자신이 생각하는 것보다 모든 면에서 뛰어난 기량을 발휘할 수 있다. 여러분 역시 지금보다 더 공부를 잘할 수 있다. 전교 1등이 될 수도 있고 서울대학교에 합격할 수 있다. 그 결과 정말 자신의 바람이 현실이 된다. 그러나 안타깝게도 대다수 학생은 그런 꿈같은 일들은 특별한 공신들에게만 해당되는 일이라고 치부해버린다.

공부는 인생에 대한 기본적인 예의다. 지금보다 더 공부를 잘할 수 없다고 생각하거나 공부를 소홀히 하는 것은 신에게 죄를 짓는 것과 같다. 왜냐고? 신은 여러분 모두에게 영화 속의 주인공처럼 눈부시게 살 수 있는 성공 요소를 주었기 때문이다. 그런데도 훗날 초라하고 힘든 인생을 산다면 여러분을 창조한 신에게 있어 죄악이지 않겠는가.

여러분이 부러워하는 공신들은 날 때부터 공신은 아니었다. 그들 역시 처음에 성적이 저조했고 열등감에 시달렸던 비공신들이었다. 하지만 그들은 자신의 처지를 직시했고 더 나아지기 위해 노력했다. 가장 먼저 그들이 했던 것은 확고한 꿈을 설정하고 구체적인 목표를 정한 것이다. 그리고 목표를 이룰 수 있도록 구체적인 계획을 세웠다. 1년 365일을 한결같이 계획을 실천했고 그 결과 지금의 공신이 될 수 있었다.

여성 가운데 최고의 공신으로 꼽히는 박승아. 『월드클래스 공부법』의 저자이기도 한 그녀는 뉴질랜드 최고 명문고에서 4년 연속 전체 수석이었는가 하면, 0.01%만 가능하다는 국제수능(IB) 만점을 받으며 예일대에 특차로 합격하는 쾌거를 이루었다.

그녀는 서울에서 태어나 초등학교 2학년 때 부모님과 함께 뉴질랜드로 이민을 갔다. 그녀는 사실 중학교 전까지 공부에 별 관심이 없었다. 그러던 중에 뉴질랜드 사회에서 동양인 이민자 출신인 자신이 성공하기 위해선 무조건 공부를 해야 한다고 자각했다. 그때부터 그녀는 지독한 공붓벌레로 변신했다.

　박승아를 공신으로 이끈 것은 구체적인 목표와 구체적인 실천이 곁들여진 지독한 노력이었다. 그녀는 예일대라는 구체적인 목표를 세운 뒤 매일 구체적인 계획을 세워서 치열하게 생활했다. 그녀의 '고 3 수험생 24시간' 일정을 보면 공신의 하루 일과를 엿볼 수 있다.

　7시 45분에 일어나서 씻고, 교복을 입은 뒤 아침을 먹는다. 옷을 갈아입으면서 옷장에 붙은 메모를 보고, 식탁에서 밥을 먹으면서 노트를 보고 공부한다. 8시에 아빠의 차를 타고 등교하면서 준비물을 챙기고 예습을 한다. 8시 15분에 학교에 도착하면 라커룸에서 1~2교시 수업 교재와 노트를 챙긴다. 8시 30분 1교시 경제학 수업 시간에는 수업 내용을 시사적 이슈에 적용하면서 집중한다. 쉬는 시간 5분 동안 전 시간에 배운 내용을 복습한다. 9시 30분 2교시 화학 수업 시간에도 집중하면서 공부한다. 10시 20분 쉬는 시간에 교내 클럽 미팅에 참석해서 안건을 논의하고 정리한다. 10시 45분 3교시 생물 수업 시간에도 집중하면서 공부한다. 11시 40분 4교시 생물 수업이 이어진다.

　12시 30분 튜터 수업 시간에 공지사항을 들으면서 샌드위치나 과일로 점심을 먹는다. 오후에 있을 일본어 구술시험에 대비해 스피치 연

습을 한다. 12시 45분 점심시간을 이용해 학생 간부 회의에 참석해서 토론을 벌인다. 13시 30분 5교시 일본어 구술시험을 치른다. 14시 30분 6교시 세계문학 수업을 듣는다. 15시 20분 학교 수업이 끝나면 필요 없는 책은 라커에 넣고 학교 다이어리에 오늘 숙제 목록을 중요도 순으로 적는다. 집으로 돌아오는 차 안에서 그날 배운 수업 내용을 복습하고 머릿속으로 요약한다. 15시 40분 집에 도착하면 교복을 입은 채로 책상에 앉아서 그날 해야 할 숙제를 먼저 한다. 긴장 상태를 계속 유지하기 위한 비결이다.

17시 책상에 앉아 숙제를 하면서 저녁을 먹는다. 이른 저녁을 먹고 드럼이나 피아노를 잠깐 친다. 17시 30분 4,000단어 에세이와 같은 장기 과제물을 준비한다. 18시 30분 하키 경기장으로 출발한다. 18시 50분 하키 경기장에 도착해 하키복으로 갈아입는다. 19시 하키 시합이 시작된다. 20시 하키 경기를 마치고 집으로 돌아오는 차 안에서 스낵이나 샌드위치를 먹는다. 20시 30분 집에 도착해서 샤워를 하면서 노래를 한 곡 부른다. 20시 30분 하키 경기장에 가기 전에 하던 장기 과제물을 이어서 한다. 머리는 공부하는 동안 저절로 마르도록 놔둔다. 22시 30분 잠시 머리를 식히는 시간에 음악을 듣거나 뮤직 비디오를 보면서 내일 수업 준비를 한다. 23시 시험공부 시간에 1시간은 IB, 1시간은 SAT 공부를 한다. 01시 학교에 가져갈 가방을 싼 뒤 씻는다. 01시 30분 독서 시간에 문학책이나 경제, 과학 잡지를 본다. 02시 30분 잠자리에 든다. ─ 서상훈 『공신들의 7가지 습관』 중에서 재인용 여러분은 공신들이 얼마나 치열하게 공부하는지 알았다. 그렇다면 자신이 견지했던 모습과 박승아의 모습을 대조해보라. 자신의 생활이 느슨하게 여겨진다면 지금부터라도 공부의 고삐를 바짝 쥐어야 한다. 공부의 고삐가 느슨하게 되면 그 틈으로 황금 같은 시간들이 새어나가게 된다. 그만큼 자신의 운명을 바꿀 시간이라는 재료가 줄어든다는 것을 뜻한다.

구체적인 목표는 구체적인 실천을 필요로 한다. 지금 여러분을 지탱하고 있는 구체적인 목표는 무엇인가? 그리고 그 목표를 이루기 위해 구체적인 실천을 하고 있는가? 스스로에게 자문해보라.

03 부러워하지 않으면 그게 지는 거다

오래전 한국의 한 여학생이 하버드, 프린스턴, 스탠포드, 코넬, UC 버클리, 존스 홉킨스, 듀크, 미시건주립대, 워싱턴대, 노스웨스턴대 등 아이비리그를 비롯한 미국의 명문 대학 10곳에 동시 합격했다는 이야기가 잡지와 일간지에 대서특필되었던 적이 있다. 그 학생이 민족사관고등학교를 2년 만에 조기 졸업한 17살의 어린 소녀인 데다, 외국에 유학이나 어학연수 한 번 다녀오지 않은 순수 토종이라는 사실 때문에 그 학생의 이야기는 더욱 화제가 되었다.

그녀가 바로 '대한민국 공부지존' 박원희다.

박원희는 미국 대학의 교양과정을 미리 고등학교에서 이수하는 11개 AP(Advanced Placement 대학 학점 사전취득제) 과목에서 모두 5.0 만점을 받았다. 미국 대학 진학 적성 검사인 SAT I은 1,600점 만점에

1560(99%)점을 받았고, 6개의 SAT II 과목에서도 거의 만점에 가까운 점수를 받았다.

박원희는 한 군데 합격하기도 어려운 곳을 10군데 모두 합격(UC 버클리에서는 4년간 전액장학금을 제시하기도 했다)하며 국내 사상 초유의 미국 대학 합격기록을 세웠다. 그녀는 이로써 명실공히 대한민국의 공부지존으로 우뚝 섰다.

박원희가 미국의 10개 명문 대학에 합격한 이후 많은 사람들이 그녀에게 공부 비결에 대해 물었다. 그때마다 박원희는 이렇게 말했다.

"공부 잘하는 비결은 없어요."

공부의 지름길이나 왕도는 없다는 뜻이다. 그러나 그녀는 알고 있다. 목표를 정하고 공부와 연애하듯이 치열하게 노력한다면 누구나 공신이 될 수 있다는 것을.

그녀가 처음부터 공붓벌레였던 것은 아니었다. 그녀에게도 여느 공신들과 마찬가지로 공부에 열정을 쏟게 만든 계기가 있었다.

중학교에 입학 후 두 달이 지난 어느 날, 박원희는 복도를 걸어가다 선생님들의 대화를 듣게 되었다.

"1반의 한얼이는 정말 공부를 열심히 하더군요. 역시 전교 1등으로 입학한 녀석은 달라도 뭔가 달라요."

선생님의 말을 듣는 순간 박원희는 망치로 뒤통수를 한 대 맞은 것 같았다. 그리고 중학교 입학식 날이 떠올랐다. 전교생 앞에서 신입생 대표로 선서를 하던 한얼이의 뒷모습을 보며 '저 자리에 나도 서보고 싶다'고 생각했다. 박원희는 초등학교 시절 항상 앞자리에 섰는가 하면, 공부도 늘 1등을 도맡았고 전국 백일장에서도 대상을 받았다. 그뿐만 아니다. 영어 말하기 대회에 나가서 상을 받았고 어린이 회장단이 모인 자리에서는 사회를 볼만큼 리더십이 탁월했다. 초등학교 때부터 두각을 나타낸 그녀는 사람들 앞에 서는 일이 얼마나 매력적인 일인지 잘 알고 있다.

이런 생각에 빠져 있던 박원희는 이내 풀이 죽었다. 초등학교 시절은 옛날이야기이고 지금은 8공주들에게 왕따를 당하는 신세가 되었기 때문이다.

'아냐, 더 이상 이렇게 생활해선 안 돼. 나의 원래 궤도를 찾자.'

그녀는 치열하게 공부해서 반드시 1등을 하여 선생님들에게 칭찬받고 친구들에게는 인정받겠다고 결심했다.
그날, 집으로 돌아오는 길에 박원희는 서점부터 들렀다. 과목별로 문제집을 두어 권씩, 열다섯 권을 구입해 두 봉지에 나눠들었다. 봉지가 무거운 나머지 팔이 떨어질 듯이 아팠지만 왠지 기분은 상쾌했다.

1학년 1학기 중간고사가 얼마 남지 않았다. 박원희는 본격적인 공부에 들어가기 전에 목표를 정했다.

'나의 목표는 전교 1등! 나의 라이벌은 조한얼!'

박원희는 반드시 조한얼을 제치고 전교 1등을 하고 싶었다. 하지만 어느 정도 공부를 해야 하는지, 성적이 어느 정도 나와야 전교 1등을 할 수 있는지는 알지 못했다. 오로지 할 수 있는 일은 교과서를 토대로 열심히 과목별 문제집을 푸는 것뿐이었다. 박원희는 교과서를 읽고 문제집을 풀 때마다 예전에는 몰랐던 사실들을 알게 되었다.

'정말 신기해. 그 내용이 이런 식의 문제로 출제되네.'

한 문장 한 문장 꼼꼼하게 읽는 과정에서 행간에 숨은 사실까지 이해가 되었다. 교과서를 거듭 읽을수록 알게 되는 새로운 지식들 때문에 공부가 힘든 줄도 몰랐다. 박원희는 모든 과목의 교과서를 열 번씩은 읽었다. 그 덕분에 몇 페이지에 무슨 지도가 나오고 어떤 내용이 있는지 자세하게 떠올릴 수 있었다.

교과서를 완벽하게 마스터한 후 문제집 풀이에 돌입했다. 문제집은 하루 한 권씩 풀었다. 과목별로 두 세권씩 풀고 나자 문제가 출제되는 유형에 대해 감을 잡을 수 있었다.

'아, 이런 식으로 문제를 내시는구나.'

그녀는 매 순간 '이번 중간고사에서 반드시 전교 1등을 하겠다'고 자기암시했다. 그리고 전교 1등을 한 후 기뻐하는 모습을 생생하게 상상했다. 이윽고 중간고사 시험 기간이 되었다. 열심히 준비했던 터라 박원희는 차분하게 시험을 치렀다.

며칠 후 담임 선생님이 학생들에게 성적표를 나누어 주었다. 잠시 후 박원희에게도 성적표가 건네졌다. 도덕·국어·국사… 평균 97.65점으로 전교 석차 1등이었다.

"와! 내가 해냈어!"

박원희는 자신도 모르게 탄성을 내질렀다. 그런데 예상치 못한 일이 일어났다. 다음 주 월요일, 운동장 조회에서 학력 우수상 시상이 있었다. 그때 박원희는 자신이 호명될 거라고 생각했다.

"1학년 1반 조한얼, 앞으로 나오세요."

그런데 뜻밖에 1반 조한얼이의 이름이 불렸다. 알고 봤더니 박원희는 한얼이와 총점까지 똑같은 공동 1등이었던 것이다. 그녀는 4반이었고 한얼이가 1반이었기 때문에 대표로 상장을 받은 것이었다. 박원희는 상장은 받지 못했지만 자신의 바람대로 목표를 이루었다.

공부를 잘하고 싶다면 박원희와 같은 공신들의 공부 스토리를 보면서 많이 부러워해야 한다. 그래야 그녀가 가졌던 공부를 향한 열정과 끈기, 노력하는 자세를 배울 수 있다. 한 분야에서 성공한 사람들에게는 어김없이 롤 모델이 있었다. 그들은 롤 모델을 보며 '나도 저렇게 되어야지', '저 분보다 더 실력을 갖춰야지' 하고 열정을 불태웠다. 부러워했기에 더욱 더 치열하게 노력할 수 있었다.

'부러우면 지는 거다'라는 말이 있다. 이는 옳지 않다. 나보다 더 실력이 뛰어난 사람을 보며 부러워하지 않는 이유는 욕심이 없거나 자존심 때문이다. 욕심이 없는 사람은 절대 지금보다 나은 모습을 갖출 수 없다. 또한 알량한 자존심 역시 더 나은 실력을 갖추도록 돕거나 밥을 먹여주지 않는다. 그 사람보다 더 뛰어나고 싶다면 부러운 마음으로 실력을 쌓아야 한다. 고군분투하게 해주는 자극제가 바로 부러움이다.

주위에 두 부류의 친구들이 있다. 공부 잘하는 친구들을 보며 부러워하는 친구와 그 친구들 뒤에서 험담하는 친구다. 여러분은 어느 쪽인가? 공신이 되고 싶다면 공신들을 많이 부러워해야 한다. 또한 부러움에서 그치지 말고 공부에 대한 열정으로 승화시켜야 한다.

지금의 공신들 역시 박원희처럼 자신보다 더 성적이 높은 친구를 부러워하며 치열하게 공부했다는 것을 기억하자.

04 그럼에도 나는 공부한다

'실밥이 뜯어진 운동화, 지퍼가 고장 난 검은 가방, 그리고 색 바랜 옷. 내가 가진 것 중에 해지고 낡아도 창피하지 않은 것은 오직 책과 영어사전뿐이다. 집안 형편이 너무 어려워 학원수강료를 내지 못했던 나는 칠판을 지우고 물걸레질을 하는 등의 허드렛일을 하며 강의를 들었다.

수업이 끝나면 지우개를 들고 이 교실 저 교실 바쁘게 옮겨 다녀야 했고, 수업이 시작되면 머리에 하얗게 분필가루를 뒤집어쓴 채 맨 앞자리에 앉아 열심히 공부했다.

엄마를 닮아 숫기가 없는 나는 오른쪽 다리를 심하게 절고 있는 소아마비다. 하지만 난 결코 움츠리지 않았다. 오히려 내 가슴속에선 앞날에 대한 희망이 고등어 등짝처럼 싱싱하게 살아 움직였다.

짧은 오른쪽 다리 때문에 뒤뚱뒤뚱 걸어 다니며, 가을에 입던 홑 잠바를 한겨울까지 입어야 하는 가난 속에서도 나는 이를 악물고 손에서 책을 놓지 않았다.

그러던 추운 어느 겨울날, 책 살 돈이 필요했던 나는 엄마가 생선을 팔고 있는 시장에 찾아갔다. 그런데 몇 걸음 뒤에서 엄마의 모습을 바라보다가 차마 더 이상 엄마에게 다가가지 못하고 눈물을 참으며 그냥 돌아서야 했다. 엄마는 낡은 목도리를 머리까지 칭칭 감고, 질척이는 시장 바닥의 좌판에 돌아앉아 김치 하나로 차가운 도시락을 먹고 계셨던 것이다.

그날 밤 나는 졸음을 깨려고 몇 번이고 머리를 책상에 부딪혀 가며 밤새워 공부했다. 가엾은 나의 엄마를 위해서….

내가 어릴 적에 아버지가 돌아가신 뒤 엄마는 형과 나, 두 아들을 힘겹게 키우셨다. 형은 불행히도 나와 같은 장애인이다. 중증 뇌성마비인 형은 심한 언어장애 때문에 말 한마디를 하려면 얼굴 전체가 뒤틀려 무서운 느낌마저 들 정도이다.

그러나 형은 엄마가 잘 아는 과일 도매상에서 리어카로 과일 상자를 나르며 어려운 집안 살림을 도왔다. 그런 형을 생각하며 나는 더욱 이를 악물고 공부했다. 그 뒤 시간이 흘러 그토록 바라던 서울대에 합격하던 날, 나는 합격 통지서를 들고 제일 먼저 엄마가 계신 시장으로 달려갔다

그 날도 엄마는 좌판을 등지고 앉아 꾸역꾸역 찬밥을 드시고 있었다. 그때 나는 엄마에게 다가가 등 뒤에서 엄마의 지친 어깨를 힘껏 안아 드렸다.

"엄마! 엄마! 나 합격했어!"

나는 눈물 때문에 더 이상 엄마얼굴을 볼 수 없었다. 엄마도 드시던 밥을 채 삼키지 못하고 하염없이 눈물을 흘리며 사람들이 지나다니는 시장 골목에서 한참동안 나를 꼬옥 안아 주셨다.

그날 엄마는 찾아오는 단골손님들에게 생선들을 함지박 가득 담아 돈도 받지 않고 모두 내주셨다. 그리고 형은 자신이 끌고 다니는 리어카에 나를 태운 뒤, 입고 있던 잠바를 벗어 내게 입혀 주고는 알아들을 수도 없는 말로 나를 자랑하며 시장을 몇 바퀴나 돌았다. 그때 나는 시퍼렇게 얼어 있던 형의 얼굴에서 기쁨의 눈물이 흘러내리는 것을 보았다.

그날 저녁, 시장 한 구석에 있는 순대국밥 집에서 우리 가족 셋은 오랜만에 함께 밥을 먹었다.'

이 이야기는 16년 전 서울대학교에 합격했던 분의 생활수기다. 주인공은 지독한 가난에다 장애까지 앓고 있는 처지에서도 삶을 비관하지 않고 최선을 다해 공부했다. 그 결과 서울대 합격의 기쁨을 누릴 수 있었다. 그 후 그는 국내의 한 기업에서 뒷바라지를 해준 덕분에 어머니와 형과 함께 미국에서 생활하면서 우주항공을 전공하여 박사가 되었다고 한다.

아무리 어렵고 힘든 처지에 놓여 있어도 공부를 포기해선 안 된다. 공부를 포기하는 것은 인생이 자신에게 주는 모든 기회를 포기한 채 초라하고 힘들게 살겠다고 선언하는 것과 같다. 공부로 멋진 미래를 개척한 공신들은 가혹한 시련과 역경 속에서도 꿋꿋하게 공부했다. 가난에 짓눌려도 '그럼에도 나는 공부한다'는 생각으로 공부했다. 힘들수록, 가난할수록 자신의 전부를 공부에 걸었다. 그런 치열함 덕분에 그들의 미래는 더 이상 초라하지도, 가난하지도 않다.

세상에는 부유한 사람보다 가난한 사람이 더 많다. 그럼에도 공부를 통해 집안을 일으키고 꿈을 실현한 사람 역시 수없이 많다. 꿈 실현과 성공은 공부를 통해 그 가속도가 붙는다. 공부를 잘하는 사람일수록 성공할 확률이 높은 이유가 이 때문이다.

서울대 심리학과 17학번 피현빈 군은 중학교 때 집안사정이 급변해 공부에서 손을 놓아버렸다. 피아노를 전공하기 위해 예고로 진학하려 했으나 성적이 좋지 않아 탈락했다.

일반고에 진학했으나 배치고사 성적은 꼴찌였다. 2^2이 22인 줄 알았다는 피 군. 그런 그가 홀로 생계를 이끄시는 어머니를 보며 "무가치한 사람이 되지는 말자."라고 결심하며 공부를 시작했다.

"이걸 어떻게 다 공부해?"

처음 공부를 시작할 때 혼자 되뇌었던 말이다. 막막함은 말할 수 없었다. 그러나 또 포기할 수 없었기에 목표를 세웠다.

"한 과목부터 잡자."

그는 과학부터 시작했다. 교과서를 80번 봤다. 문제집은 5번 반복해서 풀었다. 그렇게 한 결과 과학은 600명 중 4등이었다. 그렇게 첫 번째 목표를 달성했다. 성취감과 자신감이 급상승했다. 그리고 공부하는 과목을 하나씩 늘려나갔다. 과학 다음으로 선택한 과목은 국어였다. 조금씩 전체적인 성적이 오르기 시작했다. 5등급, 4등급, 3등급, 2등급 한 자리씩 차근차근 올랐다.

서울대 의대에 합격한 이소현 양은 "공부만이 제가 엄마에게 해 드릴 수 있는 유일한 것이었다."라고 말했다. 아버지가 세상을 떠난 뒤 어머니는 식당 등에서 일을 하며 자식들의 뒷바라지를 했다. 그녀는 자신이 어머니에게 보답을 할 수 있는 길은 열심히 공부하는 것뿐이라고 생각했다. 지독하게 공부했고 그 결과 고등학교 3년간 단 한번도 1등을 놓치지 않았다.

서울대 생명과학부에 합격한 김현수 군이 있다. 4년 전 장기 이식을 받지 못해 아버지를 여읜 그는 "장기를 이식받지 못해 돌아가신 아버지를 위해 생명공학을 연구하고 싶다."라는 포부를 밝혔다. 아버지가 돌아가신 후 어머니는 아들이 다니는 학교에서 급식조리원으로 일하면서 생계를 책임졌다. 그는 어머니가 급식조리원에서 일하는 것이 부끄러울 때도 있었다. 그러나 부끄러운 마음보다 최선을 다해 공부하여 꿈을 이루겠다는 마음이 더 컸다. 그 길이 자신을 위해 고생하는 어머니를 기쁘게 하는 일이라고 생각했기 때문이다. 이런 그에게 더 이상 가난은 고통이 아니었다. 오히려 더욱 치열하게 살도록 동기부여해주는 자극제였다.

물론 가난 속에서 공부하는 일은 생각처럼 쉽지 않다. 그렇더라도 가난하다는 이유만으로 공부를 잘할 수 없다는 것은 찌질이나 하는 변명이다. 공신들은 절대 가난을 핑계로 공부를 소홀히 하지 않는다. 오히려 가난하기 때문에 큰 꿈을 품고서 죽을힘을 다해 공부한다.

마크 빅터 한센은 『행복한 부자의 닭고기 수프』에서 이렇게 말했다.

"사람들은 대부분 오감을 모두 동원해서 두려움을 보고, 듣고, 느끼고, 맛보고, 냄새를 맡는다. 그렇기 때문에 두려움이 그토록 생생한 것이다. 두려움은 아주 강렬해서, 모든 것을 집어삼키고 몸속의 세포 하나하나를 사로잡는다. 과연 당신의 꿈은 두려움보다 더 생생한가? 사람들의 꿈은 대부분 그저 스쳐지나가는 환상, 긍정적일지도 모르는 결과에 대한 그럴듯한 이미지일 뿐이다. 그런데도 그 꿈이 당신의 가슴을 벅차오르게 하는가? (중략) '두려움보다 훨씬 생생한 꿈을 꾸어라.' (중략) 꿈은 두려움보다 훨씬 생생해야 한다. 꿈은 영혼과 직결되어야 하고, 당신을 흥분시켜야 한다. 그저 생각만 해도 잠을 설칠 정도로 생생해야 한다. 두려움도 그런 꿈과 맞붙게 되면 틀림없이 감동해 항복하게 될 것이다."

꿈은 두려움보다 힘이 세다. 두려움보다 더 생생하게 자신의 꿈을 이룬 모습을 상상하라. 그러면 '가난하기에 공부를 잘 할 수 없다'는 변명 대신 '가난하기에 더 열심히 공부해야 한다'는 생각이 마음속을 채울 것이다.

때로 부정적인 생각이 가슴속을 파고들 때 '그럼에도 나는 공부한다'고 외쳐라. 공부가 여러분을 세상의 주인공으로 바꿔줄 것이다.

05 공부는 내 인생의
터닝 포인트

공부가 인생에 터닝 포인트가 된 사람은 수없이 많다.

공부는 세상에서 제일 즐거운 탐험이라고 말하는 예일대 졸업생 이형진이 있다. 『공부는 내 인생에 대한 예의다』의 저자이기도 한 그는 SAT·ACT 만점, 아이비리그 9개 대학 동시 합격, 전미(全美) 최고 고교생을 뽑는 '웬디스 하이스쿨 하이즈먼 어워드' 아시아인 최초 수상, 「USA 투데이」 주최 '올해의 고교생 20명' 선정, 존 매케인 장학금 수여 등, 화려한 프로필로 세계를 놀라게 한 공부지존이다.

그가 공신이 될 수 있었던 것은 특별한 공부법이 아닌 자신만의 공부철학이 있었기 때문이다. 그는 자신의 공부철학에 대해 이렇게 말한다.

"공부는 이 세상의 수많은 비밀, 수많은 지혜를 아주 짧은 시간에 섭렵할 수 있는 가장 유용하고 확실한 방법이다. 공부를 통해 세상의 많은 지혜를 익히고, 숨어 있는 기회들을 발견해가는 것은 결국 내 삶을 더욱 풍성하게 만드는 일이다."

공부를 통해 자신의 잠재력을 이끌어 낸 서울대생 이대보. 그는 꼴찌에서 최고가 된 자신만의 공부법 책 『게임중독 대보 서울대 가다』에서 공부는 인생역전의 기회를 안겨준 최고의 선물이라고 말한다.

광주 정광중 · 고등학교를 졸업하고 서울대학교에 입학하기까지 그는 지독한 근성으로 열공했다. 때로 그는 급식비 낼 돈이 없어 쩔쩔맸는가 하면, 책 살 돈이 없어 친구 책을 빌려 지우개로 지워가며 공부하기도 했다. 그러나 그는 매일 한결같이 성실하게 공부한 끝에 꿈에 그리던 서울대생이 될 수 있었다.

그는 책에서 이렇게 고백하고 있다.

"부끄러운 고백을 하자면 사실 저는 '게임 중독자'였습니다. 초등학교 2학년 때부터 고등학교 1학년 때까지 해보지 않은 게임이 없을 정도로 게임 마니아였습니다. 사촌 형을 따라 '리니지'를 밤새도록 구경하며 게임에 발을 들여놓기 시작해서, '서든어택'에서 음성채팅을 하며 밤새도록 총싸움을 했습니다. 하루에 5~6시간은 기본이었고 중학교

3학년 때 게임으로 절정을 달렸을 때는 이틀에 컵라면 2개만 먹으면서 게임에 몰두했습니다. (중략)

저에게 공부는 '선물'이었습니다. 늙으신 할머니의 애간장을 녹이면서까지 게임과 탈선에 빠졌던 저를, 철근에 맞아 끊긴 아버지의 힘줄을 철없이 외면하던 저를, 그저 멍하니 아무런 생각도 꿈도 없이 숨만 쉬고 있던 저를 '사람'으로 바꾼 것은 공부였습니다."

공부는 누구에게나 인생의 터닝 포인트가 될 수 있다. 공부만 잘해도 자신이 꿈꾸는 인생의 절반은 이미 이룬 거나 마찬가지다. 그런데 문제는 공부를 잘하고 싶지만 실력이 따라주지 않는다는 것이다. 그래서 성적이 오르지 않아 고민 중인 친구를 위해 공부 비결을 준비했다. 지금보다 더 공부를 잘하고 싶다면 나보다 더 성적이 월등히 높은 친구를 벤치마킹해야 한다. 이는 공부뿐 아니라 직업세계에서도 통하는 진리다.

과거 〈중앙일보〉에 '명문대 합격 3명이 말하는 나만의 노하우'라는 제목의 기사가 실렸다. 기사를 쓴 우정열 기자는 "공부에는 왕도(王道)가 없다고 하지만 앞서 성공한 이들이 걸어간 길을 꼼꼼히 더듬어 보면 나만의 '지름길'을 찾을 수 있다."라고 말한다. 기사에는 서울대 정시모집 인문계열에 입학한 전상희 씨와 재수 끝에 고려대 국제어문학부에 합격한 이봉희 씨, 수시모집에서 중앙대 의대에 합격한 송가영 씨의 공부 비결이 실려 있다.

전상희 씨는 "문제 유형은 쉽게 바뀌지 않는다."라고 조언했다. 그

에게 가장 자신 없는 과목이 영어였다. 그래서 영어 시험을 보면 '이게 답이다'는 확신 없이 항상 감에 의존해 문제를 풀었고, 그 결과 성적도 매번 들쭉날쭉하게 나왔다. 그는 선생님의 조언을 받아 가장 낮은 점수를 자신의 실력으로 여기고 공부법을 바꿨다.

그가 찾은 지름길은 체계적으로 문제 유형을 익히는 것이었다. '영어 지문의 맨 끝 문장만 보면 답을 찾을 수 있다', '부정어만 잘 찾으면 된다' 등 그동안 달달 외웠던 문제풀이 기술은 아예 머릿속에서 지워버렸다.

모의고사에서 오답률이 높았던 빈칸 넣기 문제의 경우 답을 넣었을 때 뒤 문장과 매끄럽게 연결이 되는지, 문장의 순서를 파악하는 문제는 전체 주제 속에서 앞뒤 문장이 논리적으로 연결되는지 등 문제 유형을 중점적으로 익혔다.

그는 이렇게 말했다.

"수능 문제는 매년 바뀌지만 유형은 크게 바뀌지 않습니다. 유형에 익숙해지니까 시험시간도 많이 절약되고 풀이의 정확성도 높아졌습니다. 문제집을 여러 권 푸는 데 드는 시간 낭비도 줄일 수 있었습니다."

재수 끝에 고려대 국제어문학부에 합격한 이봉희 씨. 충분하게 자고 아침 시간을 활용하라고 조언하는 그는 후배들에게 "규칙적이면서도 효율적인 시간 관리가 무엇보다 중요하다."라고 말했다. 그 역시 고3 때 3~4시간만 잤지만 성적은 쉽게 오르지 않았다. 게다가 학교에서는 늘 피곤하고 초저녁부터 졸음이 쏟아져 공부에 집중하기 어려웠다. 그는 재수하면서 하루 평균 6, 7시간씩 숙면을 취했다. 그 대신 기상 시간을 한 시간 앞당겨 맑은 정신 상태로 아침시간을 공부에 투자했다.

"공부를 많이 했다고 느끼는 것만으로는 부족합니다. 공부 시간이 아니라 '실제로' 얼마나 집중적으로 공부를 했느냐가 중요합니다."

그를 고려대 합격으로 이끈 요소 가운데 5권 넘게 만든 영어와 숙어 단어장을 빼놓을 수 없다. 그는 먼저 영어와 관련해 자신의 약점을 정확히 분석했다. 그의 약점은 평소 공부할 때 며칠만 영어를 손에 잡지 않으면 독해 속도가 뚝 떨어지는 것이었다. 그래서 그는 하루에 단 10분이라도 꼭 영어책을 들여다보면서 감을 유지하는 습관을 들이려고 노력했다.

영어 문제를 풀고 답을 맞춘 뒤 어려운 구문이나 모르는 단어가 나오면 단어장에 적어놓고 자투리 시간을 활용해 틈틈이 외웠다. 처음에는 단어장을 한번 훑어보는 데 몇 시간이 걸렸지만 반복될수록 점차 시간이 짧아졌다. 또한 반복학습을 통해 영어가 익숙해지면서 자신감도 커졌다.

중앙대 의대에 합격한 송가영 씨는 "선생님은 나의 가정교사"라고 자신 있게 말했다. 선생님을 통해 이해가 잘 되지 않는 문제나 궁금증을 해소할 수 있었다.

그녀의 말을 들어보자.

"주로 혼자 공부하는 편이라 학원이나 과외는 거의 하지 않았습니다. 그래서 혼자 문제를 풀다가 모르는 게 생기면 체크했다가 다음 날 학교에 가서 쉬는 시간이나 점심시간을 이용해 담당 선생님께 묻고 설명을 듣는 방식으로 의문점을 해결했습니다."

물론 처음에는 매일 교무실을 찾는 것이 어색했다. 하지만 이내 익숙해졌다. 시간이 지나면서 선생님들과 친해지면서 그 과목 시간이 더 좋아졌고 수업 시간에 집중력도 높아졌다.

학생에게 공부보다 더 중요한 것은 없다. 공부는 자신의 전부이자 목숨과도 같다. 공부를 포기한다는 것은 미래를, 목숨을 포기하는 것과 진배없다.

공부는 여러분이 원하는 인물로 변화시켜주는 마법이다. 부디 이 마법을 가볍게 여기지 마라. 내 인생의 터닝 포인트로 생각하고 치열하게 공부하길 바란다.

06 공부는 나 자신과의 싸움이다

얼마 전 한 중학생으로부터 메일을 받았다. 메일에는 공부를 잘하고 싶지만 뜻대로 되지 않아 스트레스라는 것이었다. 학생의 메일을 요약하면 이렇다.

'선생님, 제 목표는 5등 안에 드는 것이 목표입니다. 그런데 줄곧 반에서 10등에서 12등 사이를 오락가락하고 있습니다. 어떻게 하면 목표를 이루고 공부를 더 잘할 수 있을까요?'

나는 그 학생에게 다음과 같이 조언했다.

"공부할 때 가장 중요한 것은 지금보다 더 공부를 잘하겠다는 의지입니다. 그런 의지가 없거나 부족하다면 아무리 특별한 노하우가 있어도 성적은 제자리걸음이기 마련입니다. 공부를 떠나서 자신이 목표한

바를 이루기 위해선 마치 폭격기가 목표지점을 폭격하듯이 지독한 노력이 뒤따라야 합니다. 지금껏 기울였던 노력보다 더 노력하는 자세를 견지한다면 분명 오래지 않아 목표를 이룰 수 있답니다."

어떤 분야에서건 최고의 자리에 오르는 사람들이 있다. 이런 사람들을 만나 대화해보면 의지가 보통 사람들에 비해 강하다는 것을 알 수 있다. 그들은 자신이 설정한 목표를 달성할 때까지 결코 멈추는 법이 없다. 공부도 마찬가지다. 자신이 정한 목표를 어떤 일이 있어도 해내겠다는 생각 없이는 절대 잘할 수 없다. 공부는 타인이 아닌 나 자신과의 싸움이다. 그래서 고독하고 고통스럽다. 강한 의지 없이는 고도의 집중력을 발휘할 수 없다.

2017년 서울대 경영학과에 입학한 김민우 군은 사교육 전혀 없이 공부했다는 것으로 유명하다. 그의 공부 철학은 단순 명료하다. 본인의 실력을 끌어올리는 데 도움이 되지 않는 것들을 버리는 것이다. 사설학원을 따로 알아보고, 등록하고, 이동하는 시간도 결국 낭비되는 시간인 셈이다. 또 그는 자투리 시간에 많은 공부를 했다.

"쉬는 시간 10분이면 국어 지문 하나를 읽고 문제를 풀기 딱 맞는 시간이다. '고작 10분'이라고 생각할지 모르지만 하루를 모으면 한 시간이다. 이 한 시간이 매일 쌓이면 결코 무시할 수 없는 시간이 된다."

그는 자신이 어느 정도까지 지치지 않고 공부를 할 수 있는지를 미리 파악해 그에 따라 학습 스케줄을 조정했다. 거기에 따라 휴식시간도 정해졌다. 철저한 계획에 따라 학습 시간과 휴식시간을 가짐으로써 몸이 패턴에 적응하도록 한 것이다.

　　일본에서 가장 존경받는 기업가 중 한 명인 아나모리 가즈오는 저서 『왜 일하는가』에서 이렇게 말한다.

　　"신이 손을 뻗어 도와주고 싶을 정도로 일에 전념하라. 그러면 아무리 고통스러운 일이라도 반드시 신이 손을 내밀 것이고, 반드시 성공할 수 있을 것이다."

　　나는 학생들이 좀 더 절박한 마음으로 공부했으면 한다. 그 절박한 마음이 마침내 신에게까지 전달되어 도와주고 싶은 마음이 생겨날 정도로. 분명 자신이 기대했던 것보다 더 공부를 잘할 수 있을 것이다.

07 지금 공부하지 않으면 평생 무시당하며 산다

부모들이 성적이 저조하거나 공부에 힘쓰지 않는 자식들에게 하는 말이 있다.

"지금 공부 안 하면 평생 고생한다."
"나중에 후회해봤자 지나간 버스에 손 흔들기다."
"지금 공부하지 않으면 평생 무시당하며 살아야 한다."

이 말들 가운데 가장 끔찍한 말은 마지막 말이 아닐까 생각한다. 사람들에게 평생 무시당하며 산다는 것은 생각만 해도 아찔하다. 무시당하는 것은 내 존재를 인정받지 못한 채 외면당한다는 뜻이기 때문이다.

정말 학창 시절 공부하지 않으면 평생 무시당하며 살게 될까?

나는 '그렇다'고 생각한다. 공부를 안 했다는 것은 성실하지 못하다는 방증이다. 더군다나 공부를 안 했기 때문에 학식 역시 짧게 마련이다. 어디를 가도 이런 사람을 반겨줄 조직은 없다. 조직을 떠나 세상은 준비된 사람에게 기회를 제공한다. 기회를 잡고 성공의 사다리를 오르는 사람은 언제나 준비가 되어 있는 사람이다.

나는 학생들에게 공부가 하기 싫은 이유에 대해 물어보았다. 다양한 대답이 돌아왔지만 그 가운데 세 가지를 꼽을 수 있다.

"공부는 힘들다!"
"공부는 지루하다!"
"공부는 어렵다!"

그래서 공부하기 싫다.

공부는 힘들고, 지루하고, 어렵다는 것이다. 결론은 "그래서 공부하기 싫다."라는 것이다. 인간은 본능적으로 고통스럽게 느껴지는 것은 거부하게 되어 있다. 공부 역시 재미있을 리 만무하다.

그렇다면 왜 공신들은 공부를 즐거운 마음으로 하는 걸까? 공부가 놀이보다 더 재미있다고 말하는 이유는 무엇일까?
그것은 자신이 하는 일에 어떤 의미를 부여하느냐에 달렸다. 힘든 공부일지라도 공부를 내가 원하는 인생을 창조해줄 기회로 생각하면 힘들기보다 재미있게 생각된다. 공부할 수 있는 시간이 그다지 길지 않은 상황에서는 더더욱 몰입해서 공부하게 되는 것이다.

반면에 '굳이 공부를 안 해도 잘 살 수 있다'는 생각으로 공부하게 되면 가혹한 고문이 된다. 몸은 책상에 앉아 있어도 마음은 이미 다른 곳에 가 있다. 공부만 강요하는 세상이 싫어진다. 이런 마음자세에서 공부가 재미있을 리 만무하다.

포털 사이트 네이트 지식 코너에 한 네티즌이 '고등학교 졸업 안 한 사람은 인생 망하나요?'라는 질문을 남겼는데 시사하는 바가 크다는 생각에 여기에 소개한다.

학력으로 인해 고민하는 네티즌의 말이다.

"전 고2때 자퇴를 했는데요. 지금은 고3입니다. 처음엔 우선 편해지니까 좋았는데 지금 와서 생각해보니까 걱정이 됩니다. 고등학교를 졸업하지 못하면 취업도 안 되고 할 수 있는 거라곤 노가다, 짜장면 배달밖에 없다네요. 요즘은 하루하루를 걱정으로 지냅니다."

그러자 한 네티즌이 다음과 같이 댓글을 달았다.
"고등학교 졸업 못해서 굳이 망하는 것은 아닙니다. 하지만 요즘 사회는 학력 위주의 시대라 아무리 자기 자신이 괜찮아도 경력이 고졸도 아니고 고등학교 중퇴이면 취직하시는 데 사실 어려운 점이 많습니다. 조금만 더 노력해서 검정고시라도 합격하셔서 고졸로 졸업하시는 것이 가장 현명하다고 생각이 드는군요.”

사실 우리나라뿐 아니라 세계 어느 나라를 가더라도 학력 위주의 사회다. 따라서 고등학교도 나오지 않는다면 사회에서 철저하게 배척당하게 된다. 아무리 자신에게 뛰어난 실력이 있다고 하더라도 그 실력을 펼쳐볼 기회조차 얻기 힘들어진다. 세상을 살아가면서 고졸 학력이라는 굴레가 평생 족쇄가 되었다는 것을 뼈저리게 실감하게 된다.

포털 사이트 다음에서 ‘공부해서 밥 벌어 먹고 사는 사람입니다’라는 제목의 글을 보게 되었다.

‘저는 학창 시절에 공부를 그럭저럭 하는 편이었습니다. 그 결과 어찌어찌 의대를 다니게 됐고, 의사를 하고 있습니다. 의사라는 직업이 그다지 좋은 머리가 필요 없는 직업이긴 하지만, 되는 과정 중에 수준 이상의 성적이 필요하기 때문에 공부해서 밥 벌어 먹고 사는 사람이라고 할 수 있겠습니다.

저도 어릴 때 공부를 왜 해야 하는지 몰랐습니다. 그렇지만 국민학교 1학년 첫 시험부터 반 1등이었고, 주로 1등만 하다 보니 2등만 해도 어색하고 기분 나빠 열심히 공부했습니다. 솔직히 잘하는 것도 공부밖

에 없었고요. 저는 정말 운동이나 기타, 다른 일에는 젬병이었거든요.'

사실 의사라는 직업은 아무나 가질 수 있는 것이 아니다. 의과대학을 나와야 의사가 될 수 있는 자격시험인 의사국가고시를 볼 수 있다. 만일 성적이 낮아 의과대학에 들어가지 못한다면 의사국가고시를 볼 수 있는 자격마저 없다. 자신의 꿈이 의사라면 영영 실현할 수 없게 된다는 뜻이다.

사실 잘 나가는 사람들은 하나같이 학창시절 성적이 그나마 상위권을 유지한 사람들이다. 그들은 소위 명문 대학을 졸업한 덕분에 출발부터 그렇지 않은 사람들에 비해 유리하게 시작했다. 그래서 그들이 한목소리로 "죽기 살기로 공부하라."라고 강조하는 것이다. 자신의 인생을 구원해줄 것은 공부밖에 없기 때문이다.

직장인들 가운데 대다수가 학창 시절을 그리워한다. 이는 지금 생활에 만족하지 못하고 있다는 것을 대변해준다.

직장인 250여 명을 대상으로 '학창 시절 겨울방학으로 돌아간다면 무엇이 제일 하고 싶은가?'라는 주제의 설문조사를 실시한 적이 있다. 그 결과, 학업에 대한 미련을 가진 직장인들이 많은 것으로 나타났다. 20대 직장인들 71%가 학창 시절 방학으로 돌아가면 '성적 올리기'에 매진하겠다고 응답했다.

'성적을 올리기 위해 어떤 방법을 택하겠냐'는 질문에는 '고액과외

받기'가 31%로 1위를 차지했으며 '자기 혼자 공부한다'가 27%, '기숙학원에서 공부하겠다'란 대답이 26%로 나타났다.

학창 시절에는 모두 평등하다. 어른들도 학생이라는 이유로 여러분들을 평등하게 대한다. 그러나 과연 사회에서도 그럴까? 사회는 야생의 세계처럼 냉혹하다. 준비되어 있지 않으면 준비된 자의 먹잇감으로 전락하고 만다.

그러나 의사, 회계사와 같은 전문직업인이 된다면 이야기는 달라진다. 어디를 가더라도 인정과 존중을 받게 된다. 그 누구도 외면하거나 무시하지 않는다. 아니, 그럴 수 없는 것이다.

앞으로 펼쳐질 인생을 사람들에게 존중받고 살아가느냐, 아니면 무시당하고 살아가느냐는 지금 여러분의 공부 자세에 달렸다.

여러분은 어떤 미래를 맞이하고 싶은가?

TIP. 고등학교 3년 전 과목 1등급을 한 박재홍의 공부 비법!

2007년 서울대 수시모집에서 지역균형선발 전형으로 전기공학부와 컴퓨터공학부군에 당당히 합격한 박재홍 군이 있다. 그는 "학교 수업에 충실한 덕분에 좋은 결과를 얻을 수 있었다."라고 말한다. 그는 고등학교 1학년 때부터 자신만의 공부법을 찾아 실천했다. 그 결과 학원도 다니지 않고 야간자율학습도 받지 않은 그의 성적이 부쩍 향상되었다. 그래서 그는 후배들에게 "슬럼프가 찾아와도 위축되지 말고 자신만의 공부법을 고수하라." 하고 말한다. 그의 공부비법의 핵심을 여기에 요약해서 옮겨본다.

1. 수업에 충실하라 - 수업 내용은 시험과 직결된다.
2. 자신만의 공부법을 찾아라 - 자율학습이나 학원만이 능사는 아니다. 내게 맞는 방법을 찾아야 능률이 오른다.
3. 슬럼프가 와도 공부법을 고수하라 - 자칫 공부법을 바꾸다 리듬이 깨지기 쉽다.
4. 전 범위를 완벽하게 공부하라 - 출제범위가 좁아 어디서 문제가 나올지 모른다.
5. 실수를 줄여라 - 한 문제의 차이로 등급이 결정된다.
6. 집중력을 키워라 - 공부는 양보다 질이 우선이다. 짧은 시간에 많이 공부한다.
7. 수행평가를 소홀히 하지 마라 - 예체능 과목은 단위 수가 작다.

하지만 그것 때문에 등급이 갈릴 수가 있다.

8. 체력을 관리하라 – 중요한 시점에서 처질 수 있으니 평소 운동을 꾸준히 한다.

9. 심화과목 준비에 신경 써라 – 3학년 때 선택하는 심화과목은 공통과목보다 수준이 높다.

10. 비교과 영역도 준비하라 – 학교 요강에 따라 비교과 영역의 중요성이 커질 수 있다. 평소 봉사활동, 경시대회를 준비해둔다.

5장

공부로 자신만의
'인생'과 '꿈'을 준비하라

01 지독한 가난은 공신으로 가는 특권이다

그동안 나는 다양한 분야에서 성공한 사람들을 많이 만나왔다. 그들과 만나면서 두드러진 공통점을 발견했다. 그것은 다름 아니라 하나같이 지독히 가난했던 시절을 보내거나 역경을 헤쳐나온 사람들이었다. 문득 이런 의문이 들었다.

'한 분야에서 성공한 사람들은 거의 가난한 시절을 겪었거나 죽을 고생을 한 사람들이 많다. 그렇다면 공신들은 어떨까?'

이 의문에 대한 답을 찾기 위해 공신들을 두루 만나거나 그들이 쓴 책을 읽었다. 그 결과, 공신들 가운데 90%가 가난했다는 결론을 얻었다. 물론 그들 중에 부모님 가운데 의사나 변호사 등 전문직에 몸담고 있는 부유층들도 있었다. 그러나 이는 10%로 전체에 비하면 소수에 불과했다.

중고등학교에 특강을 다니다보면 선생님으로부터 어려운 학생이 많다는 이야기를 전해 듣는다. 그런 이야기를 들을 때면 나는 마음속으로 '가난해도 꿈조차 가난해선 안 되는데.' 하는 생각이 든다. 이런 생각에서 나는 학생들에게 습관적으로 "지독한 가난은 공신으로 가는 특권이다."라고 충고한다. 가난하다고 해서 기죽지 말고 독하게 공부해서 출세하라는 뜻이 담겨 있다.

쌍둥이 형제가 나란히 서울대에 합격해 화제가 된 적이 있다. 전남 순천 매산고 3학년에 재학 중인 쌍둥이 형제인 강지호, 강선호 군은 최근 서울대 지역균형 전형 수시에서 지호 군은 화학생물공학과에, 선호 군은 기계항공공학과에 각각 최종 합격했다.

이들이 화제가 된 것은 쌍둥이 형제의 명문대 합격이라는 점도 있지만 초등학교부터 고 3인 현재까지 단 한 번의 과외도 받지 않고 오직 혼자 공부해 이뤄냈기 때문이다. 형제가 사교육을 받지 않았던 것은 경제적인 어려움 때문이었다. 형제는 가난을 벗어나기 위해서라도 서로를 격려하며 공부에 전부를 걸었다. 이런 노력 덕분에 중학교 때부터 전교 1, 2등을 차지했는가 하면 고등학교에 입학해서도 쌍둥이는 같은 반에서 전교 1, 2등을 놓치지 않았다.

학생들 가운데 자신이 공부를 못하는 이유로 가난한 형편을 드는 친구들이 있다. 이는 절대 이유가 될 수 없다. 자신이 공부를 못하는 이유를 합리화시키려는 못난 변명일 뿐이다. 세상에는 지독한 가난으로 과외나 학원 한 번 다니지 않고 명문대에 들어가는 학생들이 많기 때문이다.

앞에서 이야기한 월드비전 세계시민학교 교장인 '바람의 딸' 한비야 역시 지독한 노력파이다. 한비야는 초등학교 학생들의 과외 선생을 비롯해 영어 번역과 통역, 임시 세무 공무원, 클래식 음악실 디제이 등 다양한 아르바이트를 했다. 한비야가 했던 번역 일은 하이틴 문고나 중고교생용 잡지에 게재되는 외국 연애소설이었다. 하지만 그녀는 고졸이라는 이유로 대학생 아르바이트에 비해 번역 원고료를 절반밖에 받지 못했다. 그녀는 속으로는 화가 났지만 꾹 참았다. 출판사에 항의한다고 해서 달라지지 않는다는 것을 잘 알고 있었기 때문이다.

가장 억울한 것은 어떤 일을 해도 반값이라는 것이었다. 과외를 해도 고등학교 졸업이라고 반값, 초벌번역을 해도 반값이었다.

한비야는 당시를 이렇게 회상했다.
"남들보다 더 열심히 일했고 잘한다고 생각했지만 고졸이라는 이유로 돈도 적게 받고 차가운 대접을 받았어요. 그게 나를 뒤죽박죽으로 만들었고 더욱 고통스러웠어요."

그 후 한비야는 서울대 영문과를 목표로 정하고 매일 코피가 터지도록 공부했다. 반드시 원하는 대학에 합격에 더 이상 학력차별로 인한 고통을 받고 싶지 않았기 때문이다. 한비야는 죽기 살기로 공부했다. 그 결과 고득점으로 원하는 대학에 갈 수 있는 성적을 얻을 수 있었다. 한비야는 서울대 영문과에 진학하고 싶은 마음이 간절했지만 고민 끝에 목표 궤도를 수정해야 했다. 서울대를 향한 아쉬운 마음을 접고 대학 4년 등록금 전액 면제에다 생활비까지 지급하는 홍익대 영문과에 특별장학생으로 입학했다. 그렇게 해서 그녀는 대학에서는 마음껏 공부할 수 있게 되었다.

한비야와 같은 성공한 사람들은 하나같이 가난을 고통으로 여기지 않고 꿈을 향해 매진하도록 가하는 채찍질로 생각했다.

자신의 분야에서 일가를 이룬 사람, 공부 하나로 인생 역전한 공신. 모두 꿈을 갖고 최선을 다해 공부했다. 가난한 부모 아래 태어난 그들은 공부를 선택했다. 그들이 꿈을 이루고 성공할 수 있는 길은 공부밖에 없었기 때문이다.

지독한 가난은 공신으로 가는 특권이다. 따라서 지금 집이 가난하다고 해서 부모님을 원망하거나 집안을 탓하는 찌질이가 되지 마라. 가난은 공부를 통해 성공하는 인생을 살게 될 운명을 타고난 것임을 기억하라.

02 공부보다 재미있는 것들은 모두 잊어라

서울대학교 의과대학 수시 전형에 합격한 지인의 딸에게 물었다.

"공부를 재미있게 할 수 있는 방법이 있다면 뭐가 있을까?"

그러자 그 아이는 웃으며 이렇게 대답했다.

"그건 아주 쉬워요. 공부보다 더 재미있는 것들은 모두 잊는 거죠. 사실 세상에는 공부보다 더 재미있는 것들이 많아요. 그래서 공부가 더 힘들고 지루하게 느껴지거든요. 하지만 공부보다 더 재미있는 것들을 모두 잊는다면 세상에서 공부가 가장 재미있어져요."

그 아이의 말이 가슴에 확 꽂혔다. 이보다 효과적인 공부법은 없다는 생각마저 들었다. 사실 공부가 힘들고 지루한 것은 공부보다 재미있는 것들을 알고 있기 때문이다. 그래서 책상에 앉으면 딴 생각이 자꾸 떠오르게 된다. 그러면 자연스레 지금쯤 자신이 못하고 있는 것을 하고 있을 친구들과 책상에 앉아 책과 씨름해야 하는 자신을 비교하게 되고 공부를 저주하게 되는 것이다.

공부를 재미있게 하기 위해선 공부보다 재미있는 것을 잊어야 한다. 공부는 밥맛과 같다. 배고플 땐 맨밥에 김치만 먹어도 꿀맛이다. 하지만 이때 피자나 햄버거, 치킨이 있다면? 밥맛이 싹 달아나고 만다. 그래서 공신들은 공부보다 더 재미있는 것들은 절대 생각하지도 않는다. 공부보다 재미있는 것들을 생활에서 멀리할 때 공부가 재미있어지기 때문이다.

그렇다면 공부가 재미있어지는 데 방해가 되는 것은 무엇일까?

1. 컴퓨터
2. 핸드폰
3. TV
4. 만화책

사실 많은 학생들이 틈만 나면 컴퓨터 앞에 앉는다. 포털 사이트에 주요 뉴스들을 검색하거나 게임을 한다. 그러면서 시간가는 줄 모른 채 컴퓨터에 정신이 팔린다. 공부하다가도 자신이 좋아하는 드라마나 연예인이 나오는 프로그램은 반드시 챙겨보는 학생도 있다.

핸드폰은 어떤가? 공부를 하면서도 수시로 핸드폰을 만지작거린다. 친구에게 문자를 보내거나, 문자를 보낸 친구에게 답신이 없을 경우 문자를 씹는다며 기분 나빠하기도 한다. 이런 상황에서 공부가 제대로 될까? 심지어 어떤 학생의 방에는 온통 만화책으로 뒤덮여 있다. 교재보다 만화책이 더 재미있다. 그러니 눈은 책을 응시하지만 마음은 읽다 만 만화책에 가 있는 것이다.

『하루라도 공부만 할 수 있다면』의 저자 박철범. 공신으로 꼽히는 그는 학창 시절 누구보다 힘든 환경에서 공부했다. 고등학교 때부터 대학교에 입학할 때까지, 외할머니와 함께 기초생활수급자로서의 힘든 삶을 감내해야만 했던 것이다. 빚쟁이들이 한밤중에 찾아와 자고 있는 그의 배를 발로 걷어차 깨우기도 하고, 학교로도 찾아오기도 수십 차례였다. 그러나 힘든 환경 속에서도 자신의 처지를 원망하며 공부를 포기하는 대신, 그 좌절감의 깊이만큼 치열하게 공부했다.

그는 이렇게 고백한다.
"내가 간절히 원하는 것은 마음 편하게 오로지 공부만 할 수 있는 삶을 누리는 것이었다. 단 하루만이라도 아무도 나를 찾지 않고, 아무런 신경 쓸 것도 없이 오직 책 속에 빠져 지식의 세계에 나를 온전히 담금질하는 그런 시간을 가져보고 싶었다. 그러나 그건 나에게는 절대 허

락되지 않는, 너무나도 사치스런 삶이었다."

지금은 공부가 여러분에게 전부다. 다른 것은 생각하지도, 하지도 마라. 오로지 공부밖에 없다. 공부를 방해하는 것들은 모두 잊어라. 그리고 공부보다 덜 중요한 것 역시 나중으로 미뤄두어라. 대학생이 된 후 얼마든지 할 수 있다.

세계적으로 유명한 경영학자이며 베스트셀러 『좋은 기업을 넘어 위대한 기업으로』의 저자인 짐 콜린스. 그 역시 과거에 무명이던 시절이 있었다. 당시 그는 저술과 같은 콘텐츠를 만드는 일과 회사를 세우는 일 중에 어느 것을 선택해야 할지에 대해 고민에 빠져 있었다. 그래서 그는 정신적 스승으로 생각하고 있던 피터 드러커를 만나 경영 컨설팅 자문을 구하고 싶었다.

그래서 아는 사람에게 부탁해 드러커를 만나고 싶다는 메시지를 전했다. 며칠 후 그는 드러커로부터 만날 의사가 있다는 대답을 듣게 되었다. 그는 즉시 드러커가 있는 곳으로 향했다.

콜린스가 물었다.

"저는 개인적인 호기심과 다른 사람들에게 영향을 미치기 위해서 이 일을 꼭 하고 싶은데, 어떻게 해야 할지 판단이 서질 않습니다."

그러자 드러커가 질문을 던졌다.

"해야 할 일 리스트가 있습니까?"
"네, 그럼요."

콜린스는 당연하다는 듯 대답했다. 그러자 드러커가 기다렸다는 듯이 다시 물었다.

"그렇다면 하지 말아야 할 일 리스트도 있겠지요?"
"......."

그 물음에 콜린스는 대답을 하지 못했다. 순간 그는 엄청난 충격을 받았다. 그동안 하지 말아야 할 일에 대해서는 생각해보지 않았기 때문이다.

당시 콜린스는 여기저기서 밀려드는 일 덕분에 정신이 없었다. 어느 것부터 먼저 해야 할지 판단이 서지 않았다.

"아이디어를 갖는 것과 조직을 만드는 것, 둘 중에 어떤 것을 마지막에 할 생각입니까?"

고민 끝에 콜린스는 대답했다.
"아이디어를 마지막 순서에 두는 게 좋을 것 같습니다."

"조직을 먼저 만들어서는 안 됩니다. 바로 그 순간부터 먹여야 할 가족이 생기기 때문이지요. 그러기 위해서 아이디어를 짜내려고 한다면, 당신의 영향력은 추락하고 말 것입니다. 어쩌면 경제적으로는 성공할 수도 있을 테지요. 그러나 아이디어를 가르치는 것과 파는 것은 큰 차이가 있습니다. 당신은 누구를 위해 싸울 겁니까? 분별력과 힘을 가진 사람들의 생각에 영향을 미치기 위해서 노력해야 합니다."

이 두 가지 조언이 짐 콜린스의 인생을 바꿔놓았다. 당시 그는 해야 할 일은 당연히 알고 있었지만 하지 말아야 할 일에 대해서는 알면서도 확실한 선을 그어두지 못하고 있었던 것이다. 그는 고민 끝에 하지 말아야 할 일의 첫 번째 리스트에 회사 설립과 컨설팅을 꼽았다. 그 대신 저술 등 콘텐츠 개발에 더 집중했다. 그 결과 그는 세계적인 베스트셀러 『좋은 기업을 넘어 위대한 기업으로』라는 책을 집필하여 세계적으로 유명한 경영학자의 반열에 오를 수 있었다.

다시 말하지만 지금은 공부가 여러분의 전부다. 즉 여러분에게 있어 우선순위는 공부라는 말이다. 공부는 여러분이 짓고 있는 집의 주춧돌과 같다. 비록 지금은 주춧돌을 놓기 힘겹지만 나중에는 얼마든지 멋있고 웅장한 집을 지을 수 있다.

반면에, 공부를 소홀히 하는 학생은 주춧돌 없이 집을 짓는 것과 같다. 아무리 멋있고 웅장하게 지었어도 언제 무너질지 모른다.

여러분, 공부보다 더 재미있는 것들은 모두 잊어라. 우선순위의 맨 위에 공부를 두고 다른 것들은 대학교 합격 메시지를 듣는 이후로 미뤄두기를 바란다.

마지막으로 공부는 다른 누구가 아닌 바로 나 자신을 위해서 한다는 것을 잊지 마라. 책장이 한 장 넘어갈 때마다 그만큼 나도 내 꿈에 가까워진다는 것을 기억하라.

03 공부,
직업의식을 가지고 하라

공신들을 취재하면서 한 가지 공통점을 알 수 있었다. 그들은 직업의식을 가지고 공부를 한다는 것이다. 이 말에 여러분은 "직업의식은 직장인들에게나 필요한 정신자세가 아닌가?" 하고 의아해할지도 모른다. 그러나 공신들 역시 직장인들 못지않은, 아니 그보다 더 치열한 직업의식의 소유자들이었다.

2014년 수능 자연계열 표준점수 1위 김연경 양은 이렇게 말했다.

"제일 좋아하면서도 자신 있는 과목이 '수학'이었다. 스트레스 받는 일이 있거나 짜증 나는 일이 있으면 수학 문제를 풀었다. 무아지경으로 풀다 보면 잡생각이 달아난다." 전교 1등이었던 그녀의 공부 비법은 '과정을 즐기면서 재미와 열정으로 예습과 복습을 철저히 한 것'이다.

그녀는 우선 수업 시간을 100% 체화할 수 있도록 최고의 집중을 기울였다.

"수업시간 동안 최대한 집중해 수업 내용을 머릿속에 넣으려고 했고, 하루 동안 배운 모든 수업 내용을 복습했다. 이렇게 말하면 다들 하루 동안 배운 내용을 어떻게 다 복습하냐고 반문한다. 수업시간에 집중을 잘할수록 복습해야 하는 양이 줄었다. 습관만 들인다면 하루에 배운 모든 양을 복습할 수 있다."

또한 김 양은 공부비법으로 철저한 예습과 복습을 말했다.

"고등학생 때는 하루에 8교시의 정규 수업을 듣는다. 내 목표는 그날 배운 수업은 그날 복습하는 것. 8교시 치를 그날 공부하려면 공부 시간이 많이 소요될 것 같지만, 막상 해보면 그렇지도 않다. 중학교 때부터 해온 공부방법인데, 당일 복습하는 것이 습관이 되면 복습 시간도 줄어들게 된다. 내 경우엔 8교시 수업을 모두 복습하는 데 2시간에서 2시간 30분이 걸렸다."

한편, "끈기와 우직함이 내 무기"라고 말하는 전교 1등 이민혜 양의 하루 공부 시간은 최대 12시간이다. 이 양은 말한다.

"계획했던 하루 공부를 잘 마치고 내 머리를 쓰다듬으면서 '잘했어'

라고 스스로를 칭찬할 때 기분이 정말 좋다."

칭찬을 하면 "자신감도 생기고 내일도 잘하자고 마음먹게 된다."라고 한다. 사람 이름을 못 외워 국사 공부할 때 고생을 많이 했다면서 대신 '우직하고 끈기 있게 달라붙는다'고 했다.

이 양은 학기 중에는 최소 5시간, 방학 중에는 최대 12시간까지 혼자 공부한다. 한번 책상 앞에 앉으면 2시간정도는 꼼짝없이 공부할 정도로 엄청나게 집중한다. 졸음이 밀려오면 스탠딩 책상으로 자리를 옮겨 1~2시간 서서 공부한다. "자기가 집중할 수 있는 환경을 일부러 만드는 것도 방법이다."라고 말하며 자신의 전교 1등 비결에 대해 딱히 내세울 것 없는 '엉덩이의 힘과 긍정의 힘'이라고 대답한다.

김연경 양과 이민혜 양에게서 투철한 직업의식을 느낄 수 있다. 사실 학생에게 공부는 취미가 아닌 직업과 같다. 직장인이 자신의 업무에서 성과를 발휘하지 못하면 도태되듯이 학생 역시 마찬가지다. 공부에서 성과를 내야 한다. 그렇지 못하면 좁은 입시 문턱과 취업 문턱에서 쓰라린 패배감을 맛볼 수밖에 없다.

『서형일의 공부 공감』의 저자 서형일. 그는 입시에 한번 실패했지만 치열한 노력으로 공부하여 수능 성적 0.3%를 기록하며 서울대학교에 합격했다. 서형일은 책에서 직업의식을 가지고 공부하라고 충고한다.

"어렸을 때 다들 피아노 연주를 배운다. 이때는 다들 아마추어다. 그중 몇몇은 재능을 발견하여 피아노 치는 것을 직업으로 삼는 피아니스트가 된다. 피아니스트는 피아노 하나만으로 돈을 벌 수 있을 정도로 해당 분야에서 뛰어난 사람으로 프로다. 직업 정신 또한 투철하다. 공부도 마찬가지이다. 공부에도 프로 학생이 있고, 아마추어 학생이 있다. 공부를 취미처럼 하는 학생이 있는가 하면 공부를 전문 직업처럼 생각하고 나름의 직업 정신을 가진 학생도 있다는 것이다. 물론 학생이 공부하면서 돈을 받지는 않는다. 하지만 학생이 공부한 것은 좋은 투자가 되어 훗날 더 많은 것들을 가져다준다. (중략)

학생이라는 직업을 가진 여러분은 아마추어가 아닌 프로가 되어야 한다. 투철한 프로정신, 즉 직업의식 없이는 아무것도 안 된다. 물은 절대 99.9도씨에서 끓지 않는다. 직업의식은 99.9도씨에서 물을 끓게 만드는 0.1도씨와 같다. 공부도 마찬가지다. 포기하고 싶을 때 우직하게 책상에 앉아있을 수 있는 0.1도씨의 직업의식이 필요하다. 승패는 큰 차이가 아닌 0.1도씨에서 생겨난다. 사소한 차이가 몇 년 후 여러분을 웃게 할 수도, 눈물을 흘리게 할 수도 있다."

'엄친딸', '최연소 연예인 대학교수' 이인혜. 그는 히창 시질 누구보다 투철한 직업의식을 가지고 공부했다. 지금의 그녀가 될 수 있었던 것은 어떤 힘든 일이 있더라도 자신의 본분에 최선을 다했기 때문이다. 그녀는 신분이 학생일 때는 사력을 다해 공부했고, 연기자일 때는 모든 에너지를 집중해 연기했다.

학창 시절, 그녀는 연기와 공부를 병행하느라 시간에 쫓길 때 '연기와 공부 가운데 하나만 잘하면 되지 않을까?' 이런 생각이 들기도 했다. 그러나 아무리 몸이 파김치가 될 정도로 힘들어도 연기를 하면서 공부를 포기하지 않았다. 시련과 역경이 따르더라도 스스로 '어떤 일이 있어도 꼭 공부는 해야 해!' 하고 마지노선의 법칙을 정했다. 꿈이 무엇이든 공부가 기본이라고 여겼기 때문이다.

이인혜는 『이인혜의 꿈이 무엇이든 공부가 기본이다』에서 이렇게 말한다.

"나의 학창 생활에서 특이했던 점은 방송 활동과 학업을 병행했다는 것이다. 그 때문에 늘 시간이 부족했다. 학교 수업에도 꾸준히 나갈 수 없었고 심지어 잠잘 시간도 늘 부족했다. 그럼에도 불구하고 내가 방송과 학업 중 어느 것도 포기하지 않고 계속했던 것은, 다름 아니라 나의 인생을 멋있게 살려는 노력 덕분이었다고 말하고 싶다."

그녀는 공부를 통해 소중한 것들을 얻을 수 있었다고 말한다.

첫째, 공부를 통해 시야를 넓힐 수 있었다.

이인혜는 공부를 포기하지 않은 덕분에 친구들과 어울리며 그 친구들의 관심사를 함께 나눌 수 있었다. 자신과는 환경이 다른 여러 친구들과 같은 고민을 하며 어울렸던 학창 시절을 통해 더 넓은 세상과 다양한 관심사를 가질 수 있었다.

둘째, 공부를 통해 자신의 스타일을 파악할 수 있었다.

이인혜는 공부를 하면서 원하는 성과를 발휘할 때까지 남들보다 시간이 오래 걸린다는 점을 깨닫게 되었다. 그래서 남들이 자신보다 앞서가더라도 그들의 페이스에 휘말리지 않고 천천히 꼼꼼히 실력을 쌓는 나만의 페이스로 가면 된다는 믿음을 가질 수 있었다.

셋째, 행운을 바라는 대신 꾸준히 노력하는 삶의 가치를 배웠다.

공부를 통해 노력한 만큼 얻을 수 있다는 것을 배웠다. 그래서 그녀는 결과가 원하는 바와 다를 때에는 자신의 노력이 얼마나 부족했고 어떻게 잘못되었는지를 점검했다. 그러면서 더욱 노력하는 자세를 잃지 않았다.

넷째, 새로운 길을 개척해 나갈 힘을 얻었다.

공부를 포기하지 않은 덕분에 연기자 생활을 하면서도 자신만의 장점을 가질 수 있었다. '엄친딸'과 같은 수식어가 생긴 것도 학창 시절 최선을 다해 공부한 때문이다.

왜 이인혜가 공부를 포기하지 않았던 걸까? 학생에게 공부는 인생 전부와 같기 때문이다. 지금처럼 그녀가 연기를 하면서 최연소 연예인 대학교수가 될 수 있었던 것 역시 직업의식을 가지고 공부했기 때문이다.

여러분도 학생이라는 신분을 직업으로 여기고 공부하라. 그리하여 공부에서 성과를 발휘해 꿈꾸는 미래를 위한 초석을 다지길 바란다.

04 불행을 행복으로 바꾸는 공부의 힘

나는 대구 〈영남일보〉에 '나도 작가가 될 수 있다'라는 칼럼을 4개월 간 연재한 적이 있었다. 내가 그동안 수많은 시행착오를 반복하며 익혀온 글쓰기와 한 권의 책이 만들어지기까지의 과정을 여러 사람과 공유하고 싶었기 때문이다.

칼럼 횟수가 거듭될수록 많은 독자들로부터 격려의 메일을 받았는데 그 가운데 특별한 한 사람이 있었다. 그는 특수강도죄로 15년 형을 선고받고 복역 중인 재소자 강우영 씨였다. 자신도 글을 쓰고 싶다며 장문의 편지와 함께 구상 중인 소재들, 그리고 이제 막 시작한 원고를 동봉해왔다. 그는 아내와 두 아이를 둔, 그의 한마디를 빌리자면 '인생낙오자에 이름뿐인 가장'이었다. 그런 그가 아내와 불쌍한 아이들을 위해 뭔가 하고 싶다는 것이었다.

고민 끝에 나는 그를 돕기로 결심했다. 그가 살아온 인생 여정을 통해 독자들에게 어떻게 하면 좀 더 나은 삶을 살 수 있는가에 대해 집필하기로 마음먹은 것이다. 나는 일주일에 한 번씩 그가 있는 청송교도소로 편지를 보내 인터뷰했다. 그는 편지에서 자신의 인생을 돌이켜보면서 10대의 시기가 가장 중요하다는 것을 뼈저리게 느꼈다고 말했다. 농부에 비유하면 10대라는 시기는 밭에 씨앗을 뿌리는 시기와 같다. 이때 꿈과 목표를 가지고 공부를 하느냐, 힘들어도 포기하지 않고 도전하느냐에 따라 미래가 달라진다.

강우영 씨는 어린 시절의 가난을 부끄럽게 여겼을 뿐 열심히 공부해 인생 역전을 시켜야겠다는 생각은 하지 못했다. 그 결과 그는 자신이 공부를 못하는 이유를 가난과 연결시켜 합리화시켰다.

그는 나에게 보내온 편지에서 10대들에게 이렇게 당부했다.

"그 당시 나는 가난이 주는 것은 단지 '불편함'만이 아니라고 투덜거렸습니다. 가난은 그 사람의 모든 것, 성격, 가치, 인격, 친구, 미래, 첫인상까지도 영향을 미친다고 생각했습니다. 그렇다고 해서 가난이 모든 것을 결정짓지는 못한다는 것을 왜 알지 못했을까요? 지금까지의 인생을 실패한 사람으로 나는 가난을 핑계 삼는 청소년들에게 '가난할수록 더 치열하게 공부에 미쳐라.' 하고 말하고 싶습니다.
공부만이 평생 가난하게 사신 부모님을 웃게 해드릴 수 있고, 사람들로부터 대우를 받을 수 있다는 것, 돈 때문에 아이의 학원을 끊어야 하는 불행을 막을 수 있고 다른 사람들을 도울 수 있다는 것, 무엇보다 내가 생각하는 나보다 더 멋진 내가 될 수 있다는 것을 말해 주고 싶습니다."

그는 10대 시절 공부 대신 불량한 친구들과 어울렸다. 그 후로 그는 절도죄로 소년원을 드나들기 시작해서 몇 해 전 41살 불혹의 나이에 징역 15년 형을 선고받았다. 현재 46살이 된 그는 10대 시절에 하지 않았던 공부를 지금에서야 하고 있다. 10대 시절 그렇게 하기 싫었던 공부에 푹 빠져 있는 것이다. 손만 뻗으면 모든 것이 닿는 한 평 남짓한 감옥이 자기만의 공부방이며 연구실이 되었다. 비로소 그는 원하는 일을 찾았다. 바로 '범죄예방전문가'가 그것이다. 그 꿈을 위해 지금 차근차근 준비해나가고 있다.

CBS 라디오 〈손숙의 아주 특별한 인터뷰〉에서 우리나라 최초로 새마을 운동을 도입한 장본인이자 교육전문가, 현 류태영 농촌청소년미래재단 이사장을 인터뷰했다. 그는 힘들었던 어린 시절을 이렇게 회상했다.

"안 해본 일이 없어요. 쓰레기 주워다 팔기도 하고, 못이나 쇳조각 모아다 팔기도 하고, 방학 동안에는 행상을 하고, 안 해본 일이 없죠.
집에는 제가 대학을 입학하기 전에는 안 간다는 결심을 했어요. 대학을 입학한 뒤 처음으로 고향을 방문했어요. 대학도 야간대학을 갔지요. 대학을 가려면 저축을 해야 하는데 저축할 수 있는 돈은 먹는 것밖에 없었어요. 밥 주워 먹어봤어요? 저는 너무 배고파서 쓰레기통에서 밥도 주워 먹어봤어요. 연탄재나 모래 묻은 거 털어내고 먹기도 하고, 빵 내버린 거 덜 썩은 부분 골라내서 먹기도 하고. (중략)

러닝셔츠와 팬티는 갈아입을 수 없으니까, 한번 입으면 방학 될 때까지 입었어요. 하얀 옷을 못 갈아입고 회색이 될 때까지 입는 거죠. 6개월간 입으니까 흰 와이셔츠가 회색이 돼요. 그러면 이른 여름에 한강에 가요. 그때는 비누에 겨가 들어 있고 한강 물이 단물이어서 빨래가 잘 돼요. 그래서 러닝셔츠를 빨면 처음에는 검정물이 나와요. 흰 물이 나올 때까지 빨아서 걸어요. 또 물속 가슴쯤까지 들어가서 팬티를 벗어서 빨아요. 널러 나갈 수가 없잖아요. 누구 보고 널어달라고 할 수도 없고. 한강 백사장이 흑석동 앞인데 그냥 가지고 철교 있는 쪽으로 가요. 그쪽은 사람이 없으니까 교각에 뾰족하게 나와 있는 곳에 널어놓고 물속에서 안 나와요. 한두 시간쯤 있다가 나와서 만져보면 아직도 축축해요. 나중에는 물속에 있는 게 너무 피곤해서 축축해도 그냥 입어버려요. 체온으로 말렸죠."

그러나 대학 이후에도 고난은 계속되었다.

"구두닦이, 신문배달, 행상을 하다가 대학교 때까지 신문배달을 했어요. 그 다음에 고향 사람을 만나서 공장청소부로 들어갔어요. 야간대학교니까 오후 4시까지 청소부로 쓸고, 이것도 겨우 연명하죠. 그런데 나중에 공장이 부도가 나서 문을 닫았어요. 공장지기 하는 곳에서 여름 몇 달을 지냈는데, 오도 가도 못 하고 월급도 없고 어떻게 하질 못했죠."

류 이사장은 어린 시절의 가난이 오히려 성공하는 인생을 사는 데 도움이 되었다고 말한다. 그의 말에 의하면 가난했기 때문에 더 열심히 살았고 그 결과 꿈을 이룰 수 있었다는 것이다. 지금은 어린 시절의 자신처럼 가난으로 고통 받는 사람들을 위해 헌신하고 있다.

"지긋지긋한 가난이 나만 그런 게 아니라 그 시절에 모두 겪은 것이고, 그런 것이 거울이 되어 마음속에 자리를 잡아서 힘이 되고 용기가 되고 소망이 생겼습니다."

류태영 이사장은 현재 강연에다 저서 집필, 청소년 지도로 바쁜 나날을 보내고 있다. 희망이 없고 용기가 없고 가정형편이 어려운 학생들한테 용기와 희망과 꿈을 갖고 살게 하는 좋은 원동력이 되어주고 있다.

10대 시절 공부와 담쌓는 학생은 훗날 자신이 누리게 될 많은 기회들로부터 멀어지게 된다. 그 결과 스스로 자신의 행복과 담쌓게 된다. 공부는 10대 시절의 불행을 행복으로 바꾸는 힘이 있는 반면에 미래의 행복을 불행으로 바꾸는 힘도 가지고 있다.

서울대를 졸업하고 많은 학생들에게 공부 방법을 알려주고 동기부여를 하는 '공신닷컴'을 운영하고 있는 강성태 씨는 유튜브 〈공부의 신 강성태〉의 '공부해야 하는 이유'라는 영상에서 다음과 같이 열변을 토했다. 그의 말을 들어보자.

"공부하지 않고 여러분의 삶을 바꿀 수 있습니까? 배우지 않고 여러분이 달라질 수 있냐고요. 만약에 하나라도 있다면 지금 말씀해보세요. 그게 국영수든 공무원 시험이든 기술이든 장사든 사람을 웃기는 일이든 아니면 노래든 만화를 그리는 것이든, 배우지 않고 공부하지 않는데 어떤 개선이 있겠습니까?

…… 흙수저다, 헬조선이다. 제게 무수히 많은 분이 이 말씀을 하십니다. 저도 인정합니다. 그러면 그 지옥에서 벗어나야 할 것 아닙니까? 이 진흙탕에서 빨리 빠져나와서 더 나은 삶을 향해서 나아가야죠. 그런데 왜 여기에 이렇게 자빠져만 있냐고요.

세상이 시궁창이라고 한탄만 해서는 달라지는 게 아무 것도 없습니다. 배움이 없다는 건 발전이 없다는 뜻인데 대체 뭘 기대합니까?

…… 여러분, 여러분의 인생은 정말 소중합니다. 세상에 이것보다 더 소중한 게 없어요, 여러분의 인생을 허접쓰레기라고 생각하지 마세요. 소중한 만큼 가꾸어 나가세요. 무슨 겉치레, 명품쪼가리를 휘감으란 뜻이 아닙니다. 여러분의 능력을 개선시켜나가세요. 공부를 통해서요. 공부를 하는 사람에겐 모든 가능성이 열려 있습니다.

…… 공부야말로 진정으로 여러분 자신을 사랑하는 일입니다. 여러분, 제가 약속드릴게요. 지금 이 순간부터 공부하고 발전해나간다면 여러분의 인생은 반드시 달라집니다."

지금 여러분에게는 공부할 수 있는 특권이 있다. 이 특권을 누리는 시간만큼은 누구보다 행복하다. 여러분이 바라는 것들을 공부를 통해 이룰 수 있기 때문이다.

여러분이 믿든 믿지 않든 공부는 자신이 바라는 것들을 실현하게끔 기회를 끌어당기는 자석이다. 그 자석을 제대로 사용할지, 그냥 방치할지는 여러분에게 달렸다. 일부러라도 공부를 할 수밖에 이유를 만들어내라. 그리고 스스로 공부를 해야만 하는 상황으로 내몰아라.

지금 여러분이 믿을 것은 친구, 선생님, 부모님, 사회, 국가가 아닌 오로지 공부밖에 없음을 기억하라.

05 죽도록 힘든 오늘, 누군가에게는 간절한 내일이다

"내가 헛되이 보낸 오늘 하루는 어제 죽어간 이들이 그토록 바라던 하루이다."

이것은 고대 그리스 아테네의 비극 시인 소포클레스의 말이다. 우리는 자신에게 많은 시간이 주어져 있다고 생각하며 매일 치열하게 살지 않는다. 그러나 더 이상 이런 시간을 가질 수 없는 죽은 사람을 생각하면 지금 우리에게 주어진 시간을 값지게 보내야 한다.

그런데 주위를 둘러보면 시간을 물 쓰듯이 하는 사람들이 있다. 학생이든 직장인이든 이런 사람들을 볼 때면 안타까울 뿐이다. 자신의 꿈과 목표를 이루기 위해 치열하게 살기보다 하루하루를 탱자탱자 놀며 보내는데 어찌 좋은 결과가 나올 수 있을까? 값진 시간을 아무렇게 허비하면서도 정작 나쁜 결과가 나오면 그 원인을 외부의 탓으로 돌린다.

학생은 매일을 한결같이 열심히 공부할 때 다음 시험에서 좋은 성적을 얻을 수 있고, 직장인은 자신에게 주어진 업무에 충실할 때 성과를 발휘할 수 있다. 콩 심은데 콩 나고 팥 심은데 팥 나는 법이다.

영국의 평론가이자 역사가인 토머스 칼라일. 그는 시간에 대해 다음과 같은 의미심장한 말을 남겼다.

"오늘은 영원히 다시 오지 않을 오늘, 오늘이 얼마나 소중한가? 이 시간이 얼마나 소중한가? 오늘을 아끼고 사랑하라. 우리의 삶은 오늘이 중요하다. 작은 물방울이 모여서 큰 항아리에 물을 채우듯이 오늘이 모여 한 달이 되고, 오늘이 모여 1년이 되고, 오늘이 모여 일생이 된다. 오늘 하루가 얼마나 중요한가?"

그렇다. 지금 여러분이 보내는 하루하루가 쌓여 인생이 된다. 오늘 하루를 어떻게 보내느냐에 따라 인생이라는 작품이 근사할 수도, 거들 떠보지 않는 작품이 될 수도 있다. 인생을 멋있는 작품으로 만들기 위해선 공부해야 한다. 공부라는 여러분의 본분을 망각하고선 결코 근사하고 멋있는 인생 작품을 창조할 수 없기 때문이다.

세상에는 학창 시절에 배우지 못한 한 때문에 늦은 나이에 공부하는 사람들이 헤아릴 수 없이 많다.

2017년, 수능을 보는 사람들 중에 일흔의 할아버지가 있었다. 김영

길 씨다. 그는 가정형편이 어려워 초등학교만 졸업할 수밖에 없었다. 결혼을 하고, 자녀를 키우고, 가장 역할을 하느라 미뤄뒀던 꿈을 위해 예순이 넘어서야 공부를 시작했다. 그의 꿈은 대학생활을 해보는 것이었다. 그러나 5년 전 대장암 판정을 받고 암 투병을 시작했다. 그 와중에도 왕복 4시간이 걸리는 학교를 다니면서 공부를 멈추지 않았다.

올해에는 배재대학교 중국학과에 75세 임순자 씨, 61세 박금자 씨와 양갑수 씨가 입학해서 화제가 되기도 했다. 그들은 '중국학과 이모 삼총사'로 불린다. 이들은 학력인정기관에서 고등학교 과정을 마쳤다.

임 씨는 가정형편 때문에 초등학교 졸업 후 학업을 포기해야 했다. 자녀를 다 키우고 손자들을 돌보던 중 불현듯 "이렇게 지낼 수만은 없다." 하는 생각이 들어 공부를 결심했다. 박 씨는 평생의 꿈인 '대학생'을 이루기 위해 금산에서 대전까지 통학했다. 평범한 주부였던 양 씨는 결혼생활 35년간 학업에 대한 꿈을 버리지 못하고 있다가 도전했다. 그들은 〈중앙일보〉 기사에서 말한다.

"처음엔 아들·딸보다 어린 학생들과 공부한다고 생각하니 덜컥 겁부터 났지요. 생각해보니 이 나이게 겁날 게 뭐 있나요. 죽으라고 공부하면 따라갈 수 있겠죠."

집이 가난한 이유로 학창 시절에 마음껏 공부를 하지 못한 사람은 평생 한이 된다. 늘 가슴 한 구석에 아쉬움이 남아있다.

'아, 그때 고등학교만 나왔어도….'

'남들 공부할 때 나도 공부했더라면….'

'대학졸업장만 받았더라도….'

이런 아쉬움이 남은 이유 중 하나는 제대로 공부를 하지 못했기 때문에, 학교 졸업장이 없다는 이유로 남들보다 못한 대우를 받으며 인생을 살아야 했던 데서 오는 아픔 때문이다.

적절한 시기에 공부를 할 수 있다는 것은 축복받은 일이다. 남들과 같은 출발선에서 공평하게 공부라는 경기에 임할 수 있기 때문이다. 무엇보다 공부를 통해 자신의 가능성과 잠재력을 깨닫게 된다.

여러분, 공부 이 악물고 해보라. 공부가 하기 싫어질 땐 죽도록 힘든 오늘, 누군가에게는 간절한 내일이라는 것을 기억하라.

06 지금 이 순간에도
개천에서 용이 나고 있다

흔히들 개천에서 용 나기 힘든 시대가 되었다고 말한다. 그러나 실상은 그렇지 않다. 매년 새해 공부 하나로 자신의 인생을 개척하는 사람들의 이름이 신문에 소개된다. 그런데도 왜 사람들은 공부로 인생 역전하기 불가능해진 시대가 되었다고 치부하는 걸까?

자신이 걸어온 과거에 빗대어 세상을 보기 때문이다. 자신이 그렇게 하지 못했으니까 다른 사람들의 결과까지 미루어 짐작하는 것이다. 사실 그들 가운데 치열하게 공부한 사람은 극소수다. 그러고 보면 사회에 대해 원망이 담긴 푸념이라고 할 수 있다.

아직 세상은 공부 하나로 충분히 인생 역전할 수 있다. 유언비어에 현혹되지 말고 공부의 고삐를 바짝 쥐어라. 명문대 합격은 주류 사회로 진입할 수 있는 티켓과 같다. 독하게 공부해야 한다. 명문대 합격생들은 하나같이 독한 마음으로 공부한 사람들이다.

그들은 어떤 심정으로 공부했을까? 그들의 합격 수기에서 절박함을 엿볼 수 있다.

"커다란 눈송이들이 날아와 내려앉기나 한 듯이 마음이 무거웠다. 공부하느라 지칠 대로 지친 나도 나지만 엄마의 고생이 너무 심하신 것 같다. 엄마! 조금만 참으세요. 그러면 좋은 결과가 있을 거예요. 열심히 노력해서 자랑스러운 딸이 될게요. 손바닥에 싸인펜으로 적어 놓은 영어 숙어가 눈 때문에 얼룩이 졌다." – 서울대 합격생

"고3 때 수능 성적표를 받고 난 후 지난 학창 시절을 돌아보니 최선을 다해 공부한 기억이 없었다. 1년 만큼은 최선을 다해 후회 없이 공부해보자는 생각으로 두 번째 수험생활에 돌입했다. 매일을 수능 날처럼 보내며 쏟아부은 결과 만점 성적표를 손에 쥘 수 있었다." – 서울대 합격생

"'내가 대학 어떻게 가, 이 점수론 아무데도 갈 수가 없어.' 아무도 뭐라고 할 말이 없었다. 이젠 그 귀에 닳고 닳은, 울지 말고 맘 굳게 먹고 공부하라는 말조차도 나오지 않는다. 답답한 마음은 누구라도 마찬가지이다. 단지 참고 있을 뿐이지. 차라리 눈물이라도 펑펑 흘리고 나면 속이라도 시원하겠는데 그랬다간 오늘 하루 종일 공부를 못할 것 같아 그럴 수도 없다." – 서울대 합격생

"밥을 먹으면서 국사 책을 펴 들었다. 빨간 줄, 파란 줄, 형광펜 줄까지 동원되어 눈이 아플 정도로 잔뜩 그어져 있다. 이제는 하도 들여다봐서 닳아 떨어질 것 같은데, 이제는 조사까지도 모조리 외워버릴 것 같은데 왜 시험만 보면 점수가 그 모양으로 나오는지 정말 알 수가 없단 말이야." – 서울대 합격생

"지금은 한창 밝고 명랑할 때, 하고 싶은 것도 많고 꿈도 많을 이때, 무엇이 우리를 이렇게도 단단히 얽어매고 있는지. 우리를 얽어매고 있는 이 줄은 공부를 통해서만 끊을 수 있으리라. 대학에 붙고 보자. 오직 대학에 가서 나의 이상과 야망을 꽃 피워 보자. 그것은 정말로 바람직한 일이 아닌가? 딴 생각은 하지 않기로 하자. 내게는 시간이 별로 남지 않았어. 공부를 하자." – 서울대 합격생

"그날 그와 시장통 골목에서 그야말로 유쾌하게 막걸리를 마시고는 독서실에서 깜빡 잠이 들었는데 언뜻 깨어보니 어머니가 옆에 와 앉아 계셨다. 저녁 먹을 시간이 지나도 내가 오지 않아 부르러 오셨던 것이었다. 그때 술김에 어머니를 안으며 '죄송합니다, 어머니. 하지만 전 자신 있습니다.'라고 말했던 기억이 난다." – 경찰대 자퇴 후 서울대 합격생

"한참을 앉아서 공부를 하려니 또 잠이 왔다. 자면 안 된다. 필통을 열고 고무줄을 꺼냈다. 절대 끊어지지 않는다고 친구가 주었던, 좀 색다른 비닐 같은 빨간색 고무줄이었다. 고무줄을 손에다 감고는 힘껏

잡아당겼다가 탁 놓았다. 손등이 빨갛게 부어올랐다. 몇 번을 더 잡아
당겼다. 몇 개의 빨간줄이 손등에 더 생겼다. 손등이 쓰리듯 아팠다.
잠은 달아났지만 눈물이 나올 것만 같았다. 정말 이렇게까지 해서 공
부를 해야 하나 하는 생각도 들었다. 그러나 역시 결론은 공부. 부은
손등은 상당히 오래 갔다. 졸음이 올 때마다 부어 오른 손등을 보았다.
다시는 졸고 싶은 생각이 들지 않는다. 또다시 손등을 고무줄로 튕겨
야 할 두려움 때문이다." – 서울대 합격생

"아버지처럼 되기가 싫었다. 그래서 나는 공부했다. 아버지처럼 되
기가 싫어서 이 악물고 공부했다. 덕분에 연세대에 합격했다. 하지만
나는 안다. 내가 연세대에 합격할 수 있었던 것은 나의 노력과 아버지
때문이라는 것을." – 연세대 합격생

"수학, 과학 성적이 1학년 때부터 좋았던 것은 아니다. 중학교 때부
터 수학 하나만큼은 자신 있었다. 2학년 첫 수학 시험에서 3등급을 맞
으며 큰 충격을 받았다. 고교 공부는 중학교 때와 다르다는 것을 절감
하며 수업태도와 공부방법을 모두 바꿨다. 수학에 자만했던 스스로의
모습을 반성하며 승부욕을 불태웠다. 강한 승부욕으로 공부한 결과 수
학 내신을 3등급에서 1등급으로 끌어올렸다." – 서울대 합격생

명문대 합격생들은 절박한 마음으로 치열하게 공부했다. 따라서 명
문대에 합격하기를 원한다면 절박한 마음으로 독하게 공부해야 한다

는 공식이 성립된다.

2019학년도 수능 9명의 만점자 중 유독 화제가 되고 있는 학생이 있다. 김지명 군이다. 열두 살에 백혈병 진단을 받고 중학교 3년 내내 치료에 집중했다. 고등학교 입학 후 완치 판정을 받았지만 공부에 집중할 수 있는 상태가 아니었다. 그러나 김 군은 극복하고 수능 만점을 받았다. JTBC와의 인터뷰에서는 만점에 대해 겸손하게 말했다.

"국어가 평소보다 엄청 어려웠고, 찍다시피 한 문제도 맞아서 만점이 된 거니 노력한 것보다 점수가 더 나왔다고 생각한다."

"아프면 놀러 다닐 수도 없고 밖에 나가지도 말라고 하니까 사실 할 수 있는 게 공부밖에 없었어요."

김 군은 학교 수업과 인터넷 강의, 야간자율학습으로만 수능을 준비했다고 한다. 그는 현재 의사 쪽으로 진로를 잡고 있다고도 말했다.

또 다른 개천의 용이 있다. 2010학년도 대입 수시모집에서 서울대 공학계열에 합격한 한국인 씨. 그는 지난해 입시에서 건국대와 경기대 등 10개 대학에 지원했지만 모두 떨어졌다. 추가합격까지 실패하자 기숙학원에서 재수생활을 시작했다.
"기숙학원은 오전 6시 30분 기상 때부터 자정 무렵 잠자리에 들 때

까지 모든 생활을 관리해 주기 때문에 제게는 큰 도움이 됐죠. 환경적으로 어떤 유혹도 없기 때문에 공부 말고는 할 게 없어요."

오후 6시부터 11시 30분까지 이어지는 야간자율학습을 통해 혼자 공부하는 습관이 몸에 배었다. 그는 종종 고등학교 시절을 떠올리며 치열하게 공부하지 않은 자신이 후회스러웠다. 고등학교 때 오후 10시까지 야간자율학습을 했지만 친구들과 어울려 잡담하느라 하루 2시간여밖에 공부하지 않았기 때문이다.

그는 재수를 하면서 "성적은 공부시간에 비례한다."라는 것을 깨달았다. 취약과목이었던 외국어영역은 문제를 풀면서 어려운 단어를 정리했다. 식사시간과 점호시간 등 자투리 시간을 이용해 암기했다.

"밥 먹을 때 단어장이 없는 학생은 식당 출입이 불가능했어요. 처음에는 귀찮았지만, 자투리 시간을 활용하는 습관이 들면서 하루에 40~50개의 영어단어를 외울 수 있었습니다."

이런 지독한 노력으로 마침내 그는 지난해 수능에서 언어·수리·외국어 1등급을 받아 수시 2차 일반전형으로 고려대 경영학과에 우선 선발되는 기쁨을 안았다.

지금 이 순간에도 개천에서 용이 나고 있다. 만약에 공부가 성공으로 가는 징검다리가 되어줄 수 없다면 지금처럼 공부열기가 뜨겁지 않다. 아직 공부 하나로 충분히 세상의 주인공이 될 수 있다는 희망 때문에 공부에 목숨 거는 것이다.

무엇보다 학생이 직업인 여러분에게 가장 중요한 것은 공부다. 공부를 잘하지 않고선 절대 사회에서 인정받지 못한다. 성적과 대학간판이 여러분의 모든 것을 증명한다는 것을 기억해야 한다. 냉정한 말이지만 사회에 나가보면 일류대학 졸업자와 삼류대학 졸업자는 결코 사소한 차이가 아니라 하늘과 땅 차이다. 많은 기회를 누리는 전자와 달리 후자는 외롭고 힘든 가시밭길이 펼쳐져 있다.

세상은 착한 사람이 성공하는 영화 줄거리와 다르다. 사회에서 인정받고 실력을 발휘할 기회를 누리고 싶다면 지금 당장 독하게 공부해야 한다. 공부하지 않고는 절대 세상에 '나'를 소리칠 수 없다는 것을 기억하라.

마지막으로 한 서울대 합격생의 말을 가슴에 곱씹어보자.

"늦은 밤 홀로 책상 앞에 앉아 있노라면 끝없는 외로움이 밀려왔다. 그럴 때면 인간은 원초적인 고독한 존재인 까닭에 내 일은 내가 책임져야 하며 최후의 승리는 부단한 노력을 기울이는 자에게 하늘이 주는 선물이라는 신념으로 버티어냈다."

1. 공부한 내용을 리마인드하라

공부를 마치고 그냥 덮어버리지 말고 잠시 책의 내용을 머릿속으로 반추해보면 아주 좋다. 책을 한 번 더 읽는 효과가 있다. 이것이 훈련되면 공부한 것이 자연스럽게 머릿속에서 떠오르게 된다. 책에 있는 것들이 머리로 옮겨지게 되는 것이다.

"두꺼운 책을 읽고 나면 앞에서 본 내용은 다 잊어버린다. 목표량이 끝났다고 책을 덮지 말고, 한번 눈 감고 10분 정도 공부한 부분을 더듬어서 정리해보면 기억에 남는 굉장한 효과가 있다."

2. 그날 할 공부를 미루지 마라

긴 시간 공부를 할 때는 페이스를 유지하는 게 중요하다. 공부하는 패턴을 잃거나 미루면 페이스가 깨진다. 그날 공부는 반드시 그날 끝내야 한다. 문재인 대통령이 고시공부를 할 때 반가운 친구가 찾아와서 서로 막걸리를 먹게 되었다. 나중에 보니 한 양동이는 될 정도로 많이 먹게 되었다. 취한 친구가 문재인 대통령의 방에서 자다가 새벽 2시쯤 목이 말라 깼다가 깜짝 놀랐다. 친구 문재인이 잠을 안 자고 공부를 하고 있었기 때문이다. 고시생 문재인은 그날 할 공부를 미루면 안 되기에 아무리 취하고 피곤해도 그날치의 공부를 했다고 한다.

orbit around the Earth with a radius $r_1 = R$. ... orbit around the Earth with a radius $r_2 = 2R$. ... peed of a satellite and a represent the magnitude of a satellite's acceleration. Which noices gives the correct relation between the speeds and accelerations of the satellites?

$a_2 = \frac{1}{4} a_1$

(D) $v_2 = \frac{1}{2} v_1$; $a_2 = \frac{1}{2} a_1$

; $a_2 = \frac{1}{4} a_1$ **(E)** $v_2 = v_1$; $a_2 = \frac{1}{2} a_1$

v_1 ; $a_2 = \frac{1}{2} a_1$

moves with constant speed around a horseshoe-shaped path as shown with rows in the figure. Which one of the following choices best describes the ction of the average acceleration of the car in traveling from W to X?

(A) ↙ **(B)** ← **(C)** ↗ **(D)** → **(E)** There is no average acceleration

24. A mass on a frictionless incline has a gravitational ... the incline, and a force applied by a person th ... The mass remains at rest and the incline r ... from th ... orizontal. Which one of the ... upward, paral ... d force b ... s s

(A) The applied fo ...
(B) The applie ...
(C) The applied re ...
(D) The applied ...
(E) This is a completely impossible situ ...

s undergoes ...
g choi ...

수능 만점자들의 공부 비밀 7

1 과정을 중심에 두고 즐긴다

과정 안에 모든 것이 다 담겨 있다. 그에게 가장 큰 만족감을 주는 건 승리의 결과물이 아니다. 노력을 쏟아부으며 준비하는 과정 그 자체이다. 할 수 있는 모든 노력을 다 기울였다면 결과가 어떻게 나오든 패자가 아니다. 그러나 최선을 다하지 못했다면 승자가 될 수 없다.

과정을 중심에 두는 공부는 무엇보다 자세와 태도를 중시한다. 정답을 가려낼 줄 아는 공부 기술에 앞서 진짜 공부하려고 하는 마음가짐이나 품성을 키우고 발전시킨다. 이런 학생들은 힘든 공부의 과정을 더 잘 견뎌낸다.

2018 수능 만점자 서울 대원외고 신보미 양은 공부를 할 때도 즐거움을 느낄 수 있는 부분에 집중했다. 신 양은 독서를 좋아했는데, 국어 영역 지문을 읽을 때는 문제를 푼다기보다 책을 읽고 있다고 생각했다. 문학은 작품을 감상한다고 생각하고, 비문학은 새로운 정보를 얻는다고 여겼다. 그는 "수험생활을 거치며 누구나 '자기만의 속도'가 있다는 것을 깨달았습니다. 조급해하지 말고 자신을 믿고 준비하세요."라고 밝혔다.

과정을 중심에 둔 학생은 최선을 다하는 삶의 자세를 가지고 있다.

학교 생활 역시 마찬가지다. 학교 선생님에게 학생으로서 예의를 다하고, 학교에서 배우는 내용에 충실해야 한다.

학교 공부를 충실히 하는 방법은 간단하다. 학교 수업을 열심히 듣고 예습과 복습을 철저히 하면 된다.

2016학년도 수능시험에서 서장원 군은 만점을 받았다. 당시 청주 세광고등학교 3학년이었다. 수석을 한 그가 라디오 방송에 출연했다. 사회자가 "예습, 복습 충실히 한 거 말고 진짜로 어떻게 공부했어요?"라고 물었다. 그때 그는 '예습, 복습 철저히 하고 학교 수업에 충실한 건 맞는 말'이라고 웃으며 대답했다. 그리고 이렇게 덧붙였다.

"제일 중요했던 것은 미련이 남지 않을 만큼 열심히 공부했다는 사실 같습니다."

2 긍정의 대륙에서 산다

뇌는 사람이 긍정적인 마음가짐일 때 훨씬 더 효율적으로 가동된다. 겸손하지 않은 학생들은 자신의 오류를 인정하지 않는다. 실수를 지적하면 짜증을 낸다. 트집을 잡는다고 생각한다. 하지만 실수를 극복하기 위해 필요한 건 겸손한 태도와 열린 사고다. 공신들은 실수를 실력이라 여기고, 열린 사고를 한다. 실수 앞에서 승자가 되려면 우선 변명하지 말아야 한다. 좋든 나쁘든, 설령 잘못된 판정으로 생긴 결과라도, 실수는 실력이라고 받아들이는 열린 생각과 태도를 가져야 한다.

2017 수능만점자 김도현 군은 고3 때 모의평가에서 한번도 만점을 받지 못했다. 그는 스스로 그 이유를 실수 때문이라고 말했다.

"사회탐구 선택과목인 '생활과 윤리'에서 한두 문제를 틀리거나 다른 과목에서 사소한 실수를 반복했기 때문이지요."

그는 실수를 방지하고자 노력했다. 사회탐구의 경우 수능 연계 교재뿐만 아니라 최근 기출문제를 풀면서 기출문제에 나온 모든 개념을 다시 공부했다. 알면서도 틀리는 문제가 많았던 수학은 풀이과정과 문제 지시사항을 2~3번씩 검토했다.

2016년 수능시험 만점자였던 서울대 경영학과 서유리 양은 다소 늦은 4월에 재수를 결심했지만 조급한 마음을 버렸다. 국어의 경우 10년 전 기출문제부터 모조리 풀었다. 특히 비문학과 문법이 약했는데, 기초 인터넷 강의부터 시작해 교재는 두 번씩 봤다. 틀린 것은 물론 헷갈렸던 것, 찍은 것은 모두 체크해 분석했다.

"이런 게 나올까 하는 부분이 있는데, 혹시 모를 문제들까지 다 알아놔야겠다는 마음으로 공부했다. 100점을 받기 위해선 120점을 목표로 공부해야 한다. 수험생에게 이만하면 됐다는 생각은 금물이다. 이렇게까지 공부해야 하는 생각이 들 만큼 물샐 틈 없이 공부해야 100점을 받을 수 있는 것 같다."

3 공부를 습관으로 만들었다

　학생이 공부를 잘하려면 좋은 공부 습관이 필요하다. 제대로 된 공부 습관을 가지고 있지 못하여 '악순환'을 반복하는 학생들의 수는 셀 수 없을 정도로 많다. 아무리 좋은 선생님, 좋은 교재, 남아도는 시간이 있어도 쓰지 않고 흘려버리는 습관만 있다면 무용지물이다.

　공부 습관을 제대로 갖추고 승승장구하는 학생들은 전체 학생 중 1% 정도에 불과한 소수이다. 일상의 시간 계획은 이미 습관이 되어서 시스템이 저절로 돌아가듯 진행된다.

　2016 수능만점자 서유리 양은 생활 습관부터 공부에 맞췄다. 스스로 야식까지 금지했다. 실제 수능 시험이 시작되는 시간부터 끝나는 시간까지는 무슨 일이 있어도 졸지 않았다. 그날 공부한 것은 반드시 그날 복습하는 습관을 들였다.

　같은 해 수능만점자인 용인 외대부고 김재경 양도 마찬가지다. 수능은 낮에 보는 시험이기 때문에 밤을 새는 것보다는 낮에 집중하는 것이 중요하다고 말했다. 그는 수능 한 달 전부터 생활패턴을 수능에 맞췄다. 아침에 일어나 국어, 수학, 영어 순으로 과목 시험 시간에 맞춰 공부했다. 11시에는 반드시 잠들었다. 김 양은 수업시간 끝나고 쉬는 시간마다 전 시간 복습과 다음 시간 예습을 했다. 그러나 공부 시간이 남보다 훨씬 많았던 것은 아니다. 고3 때까지 오케스트라 동아리에서 활동하기도 했다.

무서운 집중과 몰입 또한 습관이다. 공부 잘하는 학생들은 책상에 앉았을 때 공부에 몰입하는 데 걸리는 시간이 짧다. 쉴 땐 쉬더라도, 공부에 들어가면 바로 집중한다. 그러나 공부 습관이 잡혀 있지 않은 학생들은 그렇지 못하다. 제대로 쉬지도 못하고, 그렇다고 공부에 제대로 집중하지도 못한다. 쉴 때는 공부 스트레스에 젖어 있다가 정작 공부할 때는 다른 것에 연연해서 몰입하지 못하는 것이다.

2015년 수능만점자 조희승 양은 '공부할 땐 무섭게 하고, 쉴 땐 푹 쉬자'고 마음을 먹었다. 공부 시간이 짧아져 부담이 줄어드니 양보다 질을 우선하자는 생각이 들어 저절로 집중할 수 있었다. 이렇게 완급을 조절한 것이 만점의 비결이었다.

4 시간을 철저히 관리한다

공부하는 시간으로만 따지면, 오히려 최상위권이 상위권보다 실질적인 공부 시간이 적은 경우가 많다. 여기서 주의할 점은 최상위권 학생들이라고 해서 모두 칠판을 스캔하듯 한 번 보고 내용을 다 기억하는 머리를 가진 것은 아니라는 사실이다. 대신 최상위권 학생들에게는 공통점이 있다. 그들은 수업이 시작해서 끝날 때까지 몰입이라고 부를 수 있을 만큼 고도로 집중한다.

2016학년도 수능만점자 고나영 양은 공부의 비결로 '잠을 충분히 잔다'고 대답했다. "최상의 컨디션으로 짧은 시간 집중하는 게 가장 효과적이었다."라면서 수능 직전까지도 하루에 7시간 이상은 꼭 자려고 했다.

고 양은 공부뿐 아니라 대외활동에도 많은 시간이 필요했다. 그래서 '벌여놓은 일'을 모두 하려면 공부할 때 집중력을 최대치로 끌어올려야 했다. 그 방법이 바로 충분한 숙면이었다. 또한 자율학습 시간을 최대한 활용해 스스로 정리하는 공부 방식이 효과가 컸다고 강조했다.

시간을 지배하려면 시간을 소중하고 경건하게 대해야 한다. 시간을 효과적으로 관리하고 설계해야 한다. 자투리 시간도 놓치지 않는 것이 핵심이다.

2018 수능만점자 공군 제3반공유도탄여단 기지대 김형태 일병은 급양병으로 근무하면서 시간이 날 때마다 공부했다. 아침, 점심, 저녁의 자투리 시간을 아껴서 썼다. 아침 식사 후 남는 30분~1시간 동안 국어, 오후 휴식 시간에는 수학 공부를 했다. 일과를 모두 마친 뒤 취침 시간에 열람실에서 공부하고, 주말에는 생활관의 사이버지식정보방에서 EBS 강의를 들었다. 주경야독의 시간이었다.

마찬가지로 2018 수능만점자 안양 백영고 이정수 양은 특히 점심 시간을 함부로 버리지 않았다. 이 양은 교내식당이 아니라 교실에서 점심식사를 했다. 매일 어머니가 챙겨주신 도시락 덕분이었다. "수능 시험장이라고 생각하며 조용한 교실에서 도시락을 먹고 남는 시간에 집중해서 공부했다."

5 미래를 향한 확실한 목표가 있다

공부를 잘하기 위해서는 미래에 대한 확실한 목표가 있어야 한다. 작고 현실적인 목표부터 하나씩 실행하면서, 미래의 크고 완전한 목표를 추구해나가야 한다. 특히 공부 과정에 있어서는 '시험에 나올 것만 빨리 외우고 문제 풀이에 익숙해져서 성적 잘 받기'가 아닌 '기본부터 개념 하나 하나를 확실하고 완벽하게 이해하기'가 목표가 되어야 한다. 기본을 튼튼히 하면 시간이 가고 학년이 높아질수록 강해진다.

2018 수능만점자 이정수 양은 기본을 탄탄히 다진 덕을 톡톡히 보았다. 이 양은 중학교 때부터 수학을 좋아했다. 스스로 고등학교 과정을 미리 공부할 정도였다. 기본 실력은 차곡차곡 탄탄히 쌓여갔다. 덕분에 본격적으로 수능을 준비하기 시작한 2학년 때부터는 심화학습과 기출문제 풀이에 집중할 수 있었다.

또 다른 2018 수능만점자 용인 서원고 졸업생 김수성 군은 '어떻게 하면 빨리 풀 수 있을까?'에 집중하기보다는 문제 그 자체를 완벽하게 분석하려고 노력했다. 문제 안에 힌트가 숨어 있다고 생각했기 때문이다. 아무리 붙잡고 있어도 풀리지 않는 문제가 있다면 문제를 꼼꼼히 읽고 하나하나 분석했다.

그는 고3 때 수능을 준비할 때와는 달리 집중적으로 5개월을 할애해 '영역별, 난도별 매뉴얼 노트'를 만들었다. 수능과 모의평가 기출문제를 중심으로 출제의도, 경향, 오답 풀이 등을 정리한 노트다. 이해가 어려운 문제나 지문은 따로 모았다.

당장 눈앞에 보이는 결과로 판단해서는 안 된다. 때가 되면 나오는 성적표를 보고 근본적인 궤도를 바꾸면 안 된다. 이번에 성적이 얼마나 나왔는지, 기말고사 성적이 어떻게 나왔는지도 물론 중요하지만 그보다 훨씬 중요한 것은 '나는 현재 최선을 다해 노력하고 있는가?'이다.

6 두뇌 활용을 잘한다

공부를 못하는 학생들은 머리(두뇌)가 나쁜 것이 아니라 머리(두뇌)를 제대로 사용하지 못한다. 공신들은 두뇌 활용을 잘한다. 좌뇌와 우뇌를 동시에 사용하면 새로운 것을 더 잘 생각할 수 있고, 더 잘 기억할 수 있고, 더 빨리 떠올릴 수 있다. 뇌는 쓰면 쓸수록 좋아진다.

대학입시에서 전국 수석을 했던 사람들은 쉴 때 주로 클래식 음악을 듣거나 악기를 연주하는 경우가 많았다. 좌뇌를 쉬게 하고 우뇌를 활성화시키는 휴식을 취하는 요령을 아는 것이다. 1998년 대한민국 최초로 수능에서 만점을 맞은 오승은 씨는 휴식할 때 바흐의 '무반주 바이올린 파르티타'를 듣는 것을 가장 좋아한다고 했다.

한편 2016 수능만점자 용인 외대부고 김재경 양은 무엇보다 교과서를 적극 활용했는데, 교과서를 통째로 외웠다. 단편적인 암기는 뇌에 오래 남지 않지만, 교과서 처음부터 끝까지의 스토리를 파악하면 하나가 떠오르면 다른 것까지 연상된다고 말했다.

'머리를 한곳으로 오래도록 집중할 수 있는 힘'의 차이는 선천적인 두뇌 능력의 차이가 아니다. 어려움이 생겼을 때 그 어려움을 어떻게 극복하고, 거기에서 무엇을 얻는가는 그 사람이 어떤 마음가짐을 가지고 있느냐에 따라 180도 달라진다.

2017 수능만점자 민준홍 군은 EBS 인터뷰에서 다음과 같이 말했다.

"'아직 절대로 시간이 늦은 것이 아니다.'라고 말씀드리고 싶습니다. 제가 수능 공부를 시작했던 것은 바로 여러분과 같은 겨울, 예비 고3 때였는데요. 수능 공부가 잘되어 있지 않다고 절대 실망하지 말고 1년 동안 열심히 하면 좋은 결과가 분명이 있을 것이라는 점을 말씀드리고 싶습니다. 모든 것은 열심히 한다면 결국 어떤 방식으로든 좋은 결과가 있을 수밖에 없기 때문에 끈기를 가지고 올해 1년을 잘 버텨나가시길 바랍니다."

7 부모와 함께한다

환경이 사람을 만든다. 좋은 공부 환경이 공부 잘하는 학생을 만든다. 아이의 머리가 나빠서 공부를 못하는 것은 아이 탓이 아니다. 불리하게 태어났을 따름이다. 유전적 · 선척적 차이를 이야기하려는 게 아니다. 머리가 나쁘지 않은데도 공부를 하지 않은 것도 아이 탓이 아니다. 아이는 '노력해야 한다'고 가르쳐주고 노력하는 습관을 길러주는 부모를 만나지 못한 것이다. 노력하지 않는 것도 부모에게서 배운다.

2016 수능만점자 김재경 양의 부모는 tvN〈문제적 남자〉에 출연해서 이렇게 밝혔다.

"아이 엄마가 딸에게 이런 말을 한 적이 있다. '실력은 한 순간에 늘어나는 게 아니다. 오랜 시간 천천히 쌓아가는 것이다.'라고. …… 딸에게 천천히 실력을 쌓아가자고 했다."

덧붙여 "학부모님들도 아이를 믿고 따뜻하게 격려해주셨으면 한다. 아이는 부모의 믿음에 의해 성장한다."라고 말했다. 수능만점자들의 부모들은 하나같이 학생들은 믿고 있었다. 학생과 부모 사이의 사랑과 믿음은 주고받는 것이다.

2018 수능 만점자 선덕고 김지명 군은 백혈병을 극복하고 공부에 집중한 결과 수능에서 만점을 받을 수 있었다. 김 군은 수능 준비를 하면서 가장 고마운 사람으로 어머니를 꼽았다. 어머니는 아들이 병을 극복하는 데 어떤 지원도 아끼지 않았으며, 공부에 필요한 자료를 인터넷에 검색해서 직접 인쇄해주고 인터넷 강의도 추천해주었다. 이러한 어머니의 지극정성과 관련된 일화가 있는데, 시험이 끝난 당일 김 군은 길을 헤매다 집에 2시간 늦게 들어갔다고 한다. 그런데 어머니는 김 군이 시험을 망쳐서 집에 들어오지 못하는 줄 알고 울고 있었다는 것이다. 어머니는 "시험 좀 못 보면 어때? 네가 이렇게 건강한데…." 하며 눈물을 펑펑 쏟았다고 한다.

2018 수능만점자 신보미 양 역시 언론과의 인터뷰에서 "부모님들께서 평소처럼 대해 주신 것도 큰 힘이 됐다."라고 말했다. "고3 생활 내내 엄마 아빠도 사실 불안했을 텐데 그런 내색을 하거나 잔소리를 하지 않으셨다."라며 고마움을 전했다.

(※ 이 내용은『대치동 최상위권 공부의 비밀』을 참고하여 분석한 것입니다.)

SKY 명문 대학 100인의 공부 비결을 말하다

얼마 전 중고등학교 동창들을 만날 기회가 있었다. 그들과 얘기를 하면서 한 가지 사실을 알 수 있었다. 학창 시절 친구들과 잘 놀지도 않으면서 공부를 했던 동창생들은 대부분 잘 풀렸다는 것이다. 대기업의 연구소에서 근무하거나 한의사, 변호사, 은행, 공기업 등에서 자신의 역량을 제대로 발휘하고 있었다. 이들의 말투에서 비전과 자신감이 묻어났다.

반대로 공부와 거리가 멀었던 친구들은 이직이나 전직을 하며 전전하고 있었다. 몇몇 친구는 그저 생계를 위해 적성과 맞지 않는 곳에서 몸담고 있었다. 그들에게선 어떤 비전이나 자신감을 찾아볼 수 없었다. 말끝마다 현실에 대한 불평을 토로할 뿐이었다.

학창 시절 때의 공부는 정말 중요하다. 거듭 강조해도 지나치지 않을 정도다. 자신의 분야에서 최고가 된 사람들은 대부분이 성적이 좋았을 뿐 아니라 명문 대학 아니면 수도권 대학을 졸업한 사람들이다. 그래서 그들은 기회가 있을 때마다 10대들에게 "배움에는 때가 있다."라고 충고하는 것이다.

과외나 학원 한 번 다니지 않고 서울대에 합격한 이승연 씨가 있다. 고등학교 시절, 친구들로부터 '공붓벌레'라고 불린 그녀는 학급 반장과 전교 회장직을 맡았는가 하면 중간고사와 기말고사가 다가오면 친구들에게 시험 대비 요점 정리 특강을 해줄 정도로 공신이었다.

이승연 씨는 고등학교 3년 동안 전교 1등을 놓친 적이 단 한 번도 없다. 전국학력모의고사 성적 역시 상위 1%에 들었다. 그러나 이런 그녀에게도 시련이 있었다. 어느 날 문득 '나는 왜 공부를 해야 하는 걸까?', '공부를 열심히 하면 정말 잘 살 수 있을까?'라는 생각이 들었다. 공부에 의문이 생긴 것이다. 아무리 생각해도 공부를 해야만 하는 이유를 찾지 못했다. 결국 고등학교 1학년 1학기 기말고사를 앞두고 갑자기 손에서 공부를 놓아버리고 말았다. 그 후로 성적은 곤두박질치기 시작했고 공부할 의욕이 나지 않았다.

그러던 어느 날, 그녀는 자신이 간절히 원하는 꿈에 대해 생각하기 시작했다. 공부에 대한 물음표를 느낌표로 바꾼 것이다. 그러자 원하는 인생을 살기 위해선, 꿈을 이루기 위해선 공부가 중요하다는 것을 깨닫게 되었다. 좋은 성적, 좋은 대학을 나오지 않고선 꿈을 실현하는 게 불가능하다는 것을 알게 된 것이다.

그동안 내가 만난 공신들은 하나같이 꿈쟁이였다. 그들은 과거 공부 실력이 초라했을 때조차 가슴에 원대한 꿈을 품고 있었다. 그 꿈이 그들을 공부에 몰입하게 했고 미래를 향해 나아가게 했던 동인이었다.

올해 서울대 법학과에 합격한 한 공신은 이렇게 말했다.

"공부를 잘하려면 동기부여를 확실히 해야 한다. 동기부여를 확실히 하기 위해선 분명한 목표를 가져야 한다. 사실 대부분의 학생들의 성적이 저조한 것은 목표가 분명하지 않기 때문이다. 목표가 분명하지 않기 때문에 공부에 대한 의욕이 생기지 않는 것이다."

나는 입버릇처럼 10대들에게 "실력은 초라해도 꿈만은 당당하라!" 하고 주문한다. 실력이 초라하다고 해서 꿈까지 초라하다면 이미 게임이 끝난 거나 다름없기 때문이다. 꿈이 당당하고 원대하다면 꿈의 힘으로 책상에 앉게 되고 나아가 성적이 향상될 수 있다. 그래서 공신들 가운데 꿈이 없는 사람이 단 한 사람도 없는 것이다.

직장인 가운데 많은 사람들이 학창 시절을 알차게 보내지 못한 것에 대한 후회가 가득하다고 한다. 사실 대부분의 사람은 인생을 살면서 쓰고 단맛을 모두 느끼고 나서야 인생에서 10대 시절이 얼마나 중요했는지 깨닫게 된다. 그러면서 '그때 좀 더 열심히 공부했더라면….', '다시 그때로 돌아갈 수 있다면 죽기 살기로 공부할 수 있을 텐데….' 하고 후회한다.

학창 시절은 영원할 것 같지만 생각보다 짧다. 눈 깜짝할 사이에 후다닥 지나간다. 지금 공부라는 의무 때문에 학창 시절이 영원처럼 느껴지는 것이다.

그러나 몇 년 후 여러분 대다수가 인생에서 가장 힘들다고 여겼던 학창 시절을 절실히 그리워하게 될 것이다. 미래를 바꿀 수 있었던 기회가 바로 그때였다는 것을 깨닫게 된다는 말이다.

여러분, 확고한 꿈을 가슴에 품고 죽을힘을 다해 공부하기 바란다. 공부야말로 꿈을 이루어주는 수단인 동시에 나의 존재감을 드러내는 이력서다. 때로 공부를 힘들게 느껴질 때 내가 운영 중인 유튜브 〈김도사 TV〉를 구독해보길 바란다. 강한 동기부여가 될 것이다.

마지막으로 공신들처럼 이렇게 큰 소리로 외쳐보자!
"나를 사랑하니까, 나는 공부한다!"

2018년 12월
김도사